GOLDMANN
ESOTERIK

Buch

Runen sind viel mehr als bloße Relikte germanisch-nordischen Schrifttums. Die Welt der Runen bietet uns auch heute einen vollständigen seelischen und magischen Kosmos. Ihre Kräfte lassen sich auch – und gerade – im modernen Alltagsleben wirkungsvoll für die verschiedensten Zwecke nutzen. Das klar gegliederte Buch führt in die praktische Runenkunde ein und zeigt die vielfältigen Möglichkeiten auf, mit Hilfe der Runenkräfte zu einem erweiterten, ganzheitlichen Bewußtsein zu kommen. Schicksalssteuerung (Runenmagie) gehört ebenso dazu wie Schicksalsbefragung (Runenorakel) und Runenheilkunde (Runentherapie). Denn Runen sind kosmische Glyphen archetypischer Seelenkräfte, deren konstruktive Nutzung jedem offensteht, der bereit ist, ihre Gesetze zu erforschen und zu befolgen.

Autor

Ralph Tegtmeier, M. A., geboren in Kairo, wuchs in Afrika und Asien auf. Viele Jahre lang hat er sich intensiv mit östlichen und westlichen Bewußtseinsmodellen befaßt und diese in die persönliche Praxis umgesetzt. Heute lebt er als Schriftsteller, Übersetzer und Seminarleiter in der Nähe von Bonn.

Bei Goldmann bereits erschienen:
Der Geist in der Münze (11820)

Ralph TEGTMEIER

ZAUBER DER RUNEN

*Ein praktisches Arbeitsbuch
der esoterischen Runenkunde*

Originalausgabe

GOLDMANN VERLAG

Der Goldmann Verlag
ist ein Unternehmen der Verlagsgruppe Bertelsmann

Made in Germany · 9/91 · 1. Auflage
© 1991 by Wilhelm Goldmann Verlag, München
Umschlaggestaltung: Design Team, München
Satz: Uhl+Massopust, Aalen
Druck: Presse-Druck, Augsburg
Verlagsnummer: 11899
Lektorat: Brigitte Leierseder-Riebe
Herstellung: Gisela Rudolph
ISBN 3-442-11899-9

Inhalt

Vorwort 7

1 Geschichte der Runen: exoterisch 9

2 Geschichte der Runen: esoterisch 21

3 Psychologie und Magie der Runen heute 34

4 Die Runenreihe des Älteren Futhark 47

5 Magische Runenarbeit 97

Runen und Erfolgsmagie 106
Die magische Anwendung der einzelnen Runen 109

6 Mystische Runenarbeit 118

Arbeitsplan für die mystische Runenpraxis 120

7 Das Runenorakel 122

Die Orakeldeutung im Beispiel 127
Die Orakelbedeutungen der Runen des Älteren Futhark 130

8 Runentherapie 138

Heilen mit Runen 143
Therapeutische Zuordnung der einzelnen Runen 145

9 Weiterführende Literatur 151

Vorwort

In den letzten Jahren ist das Interesse an Runen und an der praktischen Arbeit mit ihren Kräften immer größer geworden. Die Zahl der Runenbücher ist mittlerweile kaum noch zu überschauen. Doch vieles ist reine Spezialistenliteratur; die wenigsten Werke bieten eine allgemeinverständliche Einführung für den Anfänger, die über die reine Orakelkunde hinausgeht. Diesem Mangel will dieses Buch auf sehr praktische Weise abhelfen.

Es wendet sich nicht an den Experten, sondern an den interessierten Laien, der sich darüber informieren will, was es mit den Runen auf sich hat, woher sie kommen, und was sie dem Menschen des ausklingenden 20. Jahrhunderts zu bieten haben.

Deshalb wurde auf komplizierte Fachdebatten verzichtet, die ein gründliches Studium der Runenkunde voraussetzen. Ebensowenig erhebt das Werk Anspruch auf Vollständigkeit: Wie die Literaturlage zeigt, ist das letzte Wort über die Runen noch lange nicht gesprochen!

Statt dessen wird der Weg in die *unmittelbare Runenpraxis* gewiesen, wie sie von jedem ohne Vorkenntnisse bewältigt werden kann. Im Anhang finden Sie eine Auswahl weiterführender Literatur, die Ihnen bei der Vertiefung Ihres Runenwissens helfen kann.

1
Geschichte der Runen: exoterisch

Die profanhistorische oder akademische Runenkunde versteht unter »Runen« nordische beziehungsweise altgermanische Schriftzeichen. Das Wort *Rune* selbst ist erst im 17. Jahrhundert entstanden; Vorformen finden wir allerdings in allen germanischen Dialekten. So konnte man im Gotischen, Altsächsischen und Althochdeutschen die Bezeichnung *ru★na*, im Altenglischen *ru★n* und im Altnordischen *rún* finden. Im Mittelhochdeutschen finden wir schließlich die Form *rûne*. Woher diese Bezeichnungen stammen, ist unsicher und die Wissenschaft hat mehrere Theorien. Man weiß zwar, daß *Rune* schon in frühester Zeit gleichbedeutend mit »Geheimnis« war, die ältere, vorindogermanische Form *★reu-* aber bedeutet »flüstern«, während die ebenfalls altindogermanische Form *★gwor-won-* die Bedeutung »Bindezauber« hat. Verwandt damit sind auch zusammengesetzte Formen wie *Geraune*, das im Althochdeutschen *giru★ni* die Bedeutung »Geheimnis, geheime Ratsversammlung« besitzt. Auch in der *Alraune* finden wir dieses Bedeutungselement wieder; besonders auffällig natürlich aber in Namensformen wie *Gudrun, Sigrun, Heidrun* und anderen. Im Finnischen bezeichnet *runo* das »Lied«, ähnliche Formen mit gleicher Bedeutung kennen wir zudem im Altiranischen und im Kymrischen (*ru★n, rhin*). Viele Runenforscher gehen davon aus, daß das Wort aus dem Keltischen entlehnt wurde, aber eindeutige und zweifelsfreie Erklärungen existieren bis heute nicht.

Einige Verwirrung stiftet die Tatsache, daß sich vor allem in späterer Zeit ein Gebrauch des Begriffs Rune findet, der mit den Schriftzeichen nicht unmittelbar in Verbindung steht. So werden viele Felsritzungen und andere Zauberzeichen gern »Runen« genannt, während die akademische Runenforschung nur die eigentlichen Schriftzeichen darunter verstehen will. Hier liegt auch die Ursache für den Konflikt, den es bis heute zwischen wissenschaftlicher und esoterischer Runenkunde gibt, worauf wir im nächsten Kapitel noch ausführlicher eingehen werden (vgl. S. 21).

Wenn wir das Wort »Alphabet« gebrauchen, so haben wir es dabei strenggenommen mit einer griechischen Abkürzung zu tun: Die ersten beiden Buchstaben des griechischen Alphabets, *alpha* und *beta*, werden als Sammelbezeichnung für die gesamte Buchstabenreihe verwendet; latinisiert sprechen wir ja auch vom »Abc«. Ganz ähnlich bei den Runen: Hier kennen wir das *Futhark*, eine Zusammensetzung aus den ersten sechs Zeichen der Runenschrift. Genaugenommen gibt es allerdings eine Vielzahl von Futharks; die beiden wichtigsten sind das sogenannte »Ältere Futhark« mit 24 Zeichen sowie das »Jüngere Futhark« (das man auch als das Nordische bezeichnet) mit 16 Buchstaben. Es gibt jedoch auch Buchstabenreihen mit 33, mit 28, 26 und 23 Zeichen, die in unterschiedlichsten Regionen in Gebrauch waren.

Aufgrund ihrer teilweise sehr großen Ähnlichkeit mit dem lateinischen Alphabet ging man lange Zeit davon aus, daß die Runen als Schriftzeichen eine vergleichsweise späte, nachchristliche Entwicklung seien. Das vergleichsweise junge Alter der Runenfunde legt diesen Verdacht nahe, denn der älteste Runenfund, die Brosche von Meldorf, wird auf das Jahr 50 datiert. Die sogenannte »lateinische These«, die erstmals 1874 im akademischen Kontext formuliert wurde, sieht in dem engen Kontakt der Römer mit den germanischen

Völkern den Ursprung des Runenalphabets. Weil die ältesten Runenfunde allerdings nicht aus den von Römern besiedelten oder dem Römischen Reich grenznahen Gebieten stammen, sondern vielmehr aus dem hohen Norden und dem östlichen Teil Germaniens, müssen die Vertreter der lateinischen These von sehr regen Handelsbeziehungen zwischen diesen Regionen ausgehen, sonst wäre eine Verbreitung der Runen bis in den Norden nicht erklärbar.

Als veraltet gilt in Fachkreisen die gerade von deutschtümelnden Esoterikern gern hochgehaltene Behauptung, die germanischen Völker hätten die Runen eigenständig, also ohne fremde Einflüsse entwickelt. Ja, manche Vertreter dieser Theorie gehen sogar so weit zu behaupten, daß es sich genau umgekehrt verhalte und daß das lateinische Alphabet im Gegenteil eine Weiterentwicklung des runischen sei. Dafür lassen sich aber zumindest profanhistorisch keinerlei Belege finden. Es ist allerdings wichtig, diesen Punkt zu beachten, weil sonst ein nicht unbeträchtlicher Teil gerade älterer Runenliteratur aus dem esoterischen Bereich unverständlich bleibt. Denn im 19. Jahrhundert setzte zusammen mit dem deutschen Nationalismus eine Welle der Begeisterung für alles Nordische-Germanische ein, die ja zum Teil bis in die Zeit der Nationalsozialisten andauerte. Und weil am deutschen Wesen »die Welt bekanntlich genesen sollte«, mußten auch fälschlicherweise Runen herhalten, als »Ur-Kulturgut« für so gut wie sämtliche Weltzivilisationen zu dienen – auch wenn eine wissenschaftliche, nüchterne Betrachtung der vorliegenden Fakten einen derart kühnen Schluß niemals zugelassen hätte. Das ändert allerdings nichts an der Tatsache, daß Runen im alleinigen Besitz der nordischen und germanischen Völker und Stämme blieben und insofern durchaus einzigartig sind.

Ein weiteres Erklärungsmodell ist die sogenannte »griechische These«. Sie besagt, daß die Goten am Schwarzen Meer die griechische Kursivschrift kennenlernten und sie für ihre eigene Sprache modifizierten. Diese These hat heute in der Gelehrtenwelt nicht mehr sehr viele Anhänger, zumal einige schwerwiegende Einwände dagegen sprechen. Denn die Goten können frühestens um das Jahr 200 in Berührung mit der griechischen Kultur geraten sein, während die ältesten Runeninschriften, wie wir gesehen haben, gut eineinhalb Jahrhunderte früher liegen. Da ein früherer Kontakt bisher nicht bewiesen werden konnte, gilt diese These zwar noch nicht als eindeutig widerlegt, aber doch als sehr unwahrscheinlich.

Im Jahre 1928 formulierte C. J. S. Marstrander die »norditalienische oder etruskische These«. Sie wurde später von anderen Forschern weiterentwickelt und zählt heute die meisten Anhänger in der Gelehrtenwelt. Der etruskischen These zufolge, sollen die germanischen Alpenvölker möglicherweise sogar schon um das Jahr 300 vor der Zeitenwende die norditalienische Schrift übernommen haben, um sie dann bis in den hohen Norden hinaufzutragen. Leider gibt es dafür bisher allerdings noch keinen Beleg. Interessant daran aber ist, daß die Runen somit vorchristlichen Ursprungs wären.

Wenn wir uns die große Vielzahl unterschiedlichster Varianten der Runenzeichen anschauen, müssen wir bedenken, daß die germanischen und nordischen Völker in erster Linie Nomaden waren, also keine dauerhaften Städte oder gar Metropolen errichteten, wie es beispielsweise die Griechen und die Römer taten. Daher konnte eine Vereinheitlichung der Schrift schon aufgrund des Mangels einer staatlichen Zentralgewalt kaum erreicht werden. Unabhängig davon, ob die Runen nun vor oder nach der Zeitenwende entstanden, dienten sie doch den verschiedensten Stämmen und Volksgruppen mit ihren zahlreichen Dialekten und Sprachen zu den unterschiedlichsten Zwecken. So gab es auch außer den reinen Schriftrunen andere, piktographische Zeichen, die später oft mit Runen verwechselt wurden.

Die Schwierigkeit, über die Runen eindeutige Aussagen zu machen, beruht auch auf der Tatsache, daß viele Dokumente nur sehr bruchstückhaft erhalten geblieben sind. Vieles wurde in vergängliche Materialien wie Holz geritzt, auf Stoff und Leder gemalt, und fiel auf diese Weise dem Verfall anheim, zumal trotz vereinzelter früherer Bestrebungen, die allerdings auf den skandinavischen Raum beschränkt blieben, ein *allgemeines* Interesse an Kultur und Zivilisation der germanisch-nordischen Völker erst Anfang des letzten Jahrhunderts einsetzte. Die Farbe, mit der Runen oft auch auf Steine gemalt wurden, war nicht sehr witterungsbeständig. Und so müssen wir uns heute mit vielen zersplitterten Einzelteilen runischer Kultur behelfen, was dazu führt, daß manches nach wie vor bestenfalls Mutmaßung bleibt.

Es ist sicherlich dem christlichen Erbe unserer Kultur zuzuschreiben, daß man in akademischen Kreisen den magischen Charakter der Runen bisher in unverantwortlicher Weise heruntergespielt hat. Auch der Rationalismus, mit dem Wissenschaft ja oft verwechselt wird, war nicht sonderlich aufgeschlossen für derlei »irrationalen Kram«, und er ist es bis heute noch nicht geworden. Behalten wir auch im Auge, daß »Kultur« bis vor gar nicht allzu langer Zeit stets mit griechischer und/oder römischer Zivilisation gleichgesetzt wurde. Die Wurzeln des Eurozentrismus sind überwiegend humanistisch geprägt, also an der klassischen Antike ausgerichtet. Folglich ging man stets sehr stiefmütterlich mit den Quellen unserer mittel- und nordeuropäischen Kultur um.

Neben Felsritzungen hat man auch Runenschriften auf beweglichen Gegenständen gefunden, sei es aus organischem Material wie Knochen oder Holz, sei es aus Metall, wozu auch Schmuckstücke wie Goldringe und Brakteaten (dünne, geprägte Metallplättchen, im nordischen Raum stets aus Gold gefertigt) gehören. Viele Gegenstände aus dem Kunsthandwerk tragen auch Herstellerinschriften; so auch eines der goldenen Hörner von Gallehus, auf dem wir in Runen lesen können: *ek HlewagastiR HoltijaR horna tawido*★ = »Ich, Leugast, Nachfahr des Holte, schuf das Horn«.

Hier haben wir auch den ältesten germanischen Stabreimvers, der auf ca. 400 datiert wird. Felsritzungen wurden oft gefärbt, meist mit Zinnober (wovon sich auch unser heutiges Wort *Zauber* ableiten soll); doch ist die Färbung meistens nicht erhalten geblieben. Eine weitere wichtige Kategorie der Runendenkmäler stellen die sogenannten *Bautasteine* dar. Dabei handelt es sich um Gedenksteine, die im Norden ungefähr Anfang des 4. Jahrhunderts Verbreitung fanden und schon kurz darauf mit Runeninschriften verziert wurden. Sie sollten das Grab gegen Störungen schützen, und viele von ihnen weisen magische Wortformeln auf, besonders bei den Totengedenksteinen, Gedenkinschriften, die an den Verstorbenen erinnern sollen. Eine der häufigsten Wortformeln war *alu*, das man in der Forschung unterschiedlich gedeutet hat. Die Spannbreite der Übersetzungen reicht dabei von »Abwehr, Schutz« über »Tabu« bis zu »Raserei, Ekstase, in Ekstase hervorgebrachter Zauber« (Düwel, S. 14). Auf diesen Aspekt des »Zaubers durch Ekstase« kommen wir später noch zurück. Wir sehen an diesem Beispiel allerdings auch schon, daß sich trotz der bruchstückhaften Überlieferung doch einiges mit großer Sicherheit ableiten läßt.

Außer den magischen Wortformeln sind vor allem die »Runenmeisterformeln« wichtig. Ein vielzitiertes Beispiel ist der Stein von Järsberg mit seiner bruchstückhaft erhaltenen

Inschrift: ...*ubaR hite★, harabnaR hit/eka erilaR ru★no★R wri★tu*. Übersetzt: »...Ub heiße ich, Hrabn heiße ich; ich Eril ritze die Runen«. *Hrabn* bedeutet »Rabe«, ein *Eril* hingegen ist eine Bezeichnung für einen Runenmeister. Der Hinweis auf den Raben legt, wie übrigens viele andere Dokumente auch, eine Verbindung zum urzeitlichen Schamanismus nahe, dem wir in unserem Buch noch öfter begegnen werden.

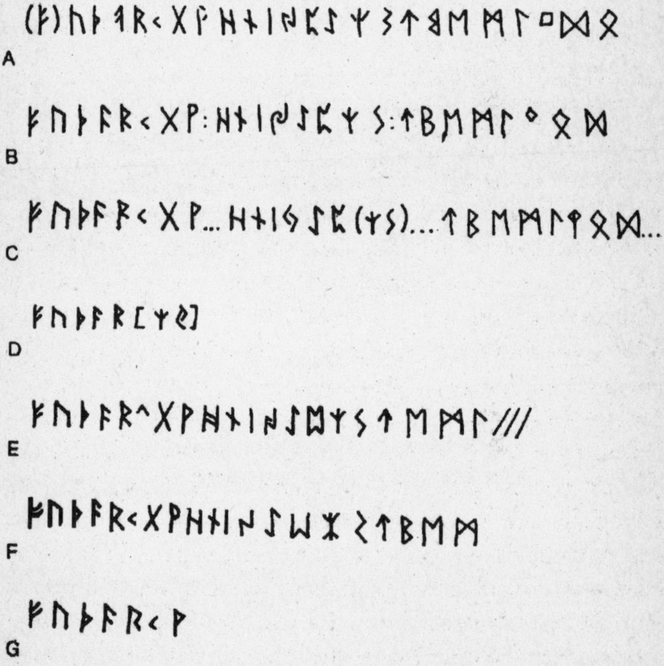

A

B

C

D

E

F

G

Abbildung 1: Verschiedene Inschriften im Älteren Futhark
a) Stein von Kylver (um 400); b) Brakteat von Vadstena/Motala (ca.
450–550); c) Brakteat von Grumpan (ca. 450–550); d) Fibel von Beuchte
(ca. 450–550); e) Marmorsäule von Breza (um 550); f) Fibel von Charnay
(ca. 550–600); g) Fibel von Aquincum (um 550)
(nach Thorsson, *Runelore*, York Beach, Me. 1987, S. 13)

Abbildung 2: Brakteat von Sievern
(nach Thorsson, *Runelore*, S. 16)

Die Abbildung 1 zeigt eine Reihe von Inschriften des Älteren Futhark. Abbildung 2 gibt den Brakteat von Sievern wieder. Die Inschrift ist schlecht erhalten, als gängige Interpretation gilt heute: *r(unoz) writu*: »Ich ritze die Runen«. Bereits die Benennung des magischen Akts, als den man das Runenritzen zweifelsfrei sehen muß, beschwört die Macht dieser Zauberzeichen herauf. Deshalb findet sich diese Inschrift immer wieder als magische Formel.

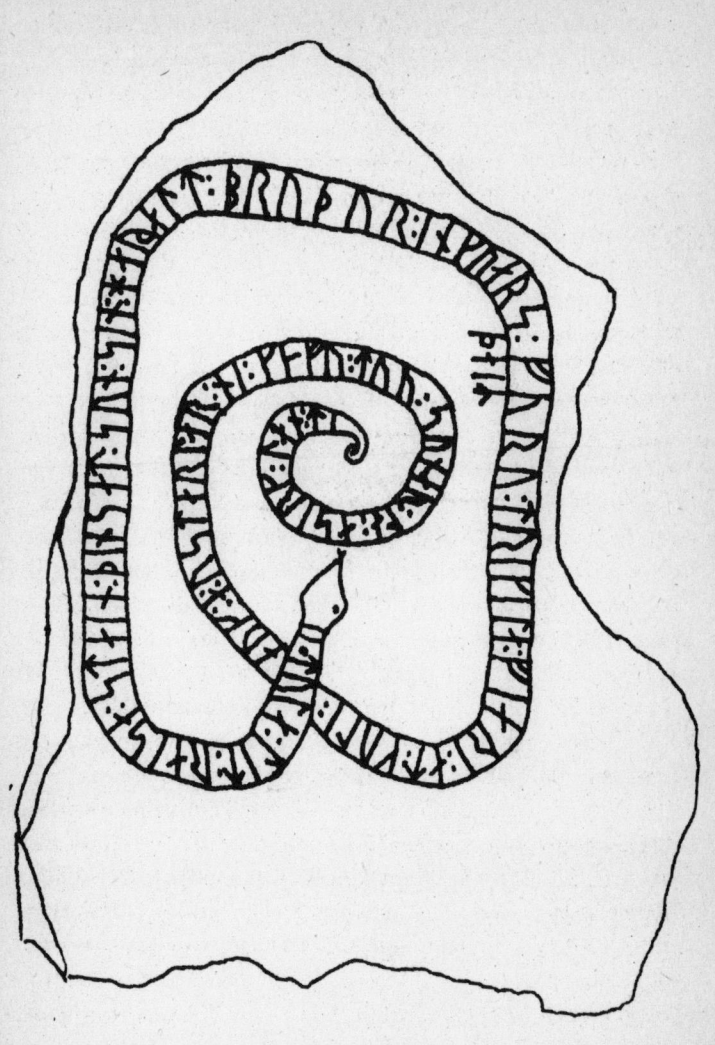

Abbildung 3: Bautastein von Gripsholm
(nach Thorsson, *Runelore*, S. 37)

Ein prächtiges Beispiel für einen Bautastein gibt die Abbildung 3 wieder. Dabei haben wir es mit dem Stein von Gripsholm zu tun, der auf Mitte des 11. Jahrhunderts datiert wird. Wir wollen uns hier die Umschrift ersparen und nur die ungefähre Übersetzung wiedergeben: »Tola ließ errichten diesen Stein für seinen Sohn Harald, Bruder des Yngvarr. (Sie) fuhren kühn weit fort um Gold, und im Osten gaben (Nahrung) dem Adler; sie starben im Süden in Serkland.«

Eine weitere Schwierigkeit bei der Entzifferung von Runeninschriften, die oft verschlüsselt wurden, wenn man sie nicht ohnehin in einem völlig verstümmelten Zustand vorfand, machen die sogenannten *Binderunen* aus. Dabei handelt es sich, wie die Bezeichnung schon sagt, um Mischrunen, also die Verschmelzung zweier oder mehrerer Runenzeichen zu einem neuen. Es gilt als sicher, daß dies so gut wie ausschließlich zu magischen Zwecken geschah, um nämlich die einem Buchstaben innewohnende Kraft mit der eines oder mehrerer anderer zu verschmelzen. Die Abbildung 4 zeigt drei Beispiele für Binderunen. Bei der dritten Binderune handelt es sich um ein Hauszeichen, wie man es als Monogramm verwendete. Es steht für den Namen Frydel.

Das Ritzen von Runen geschah meist mit speziellen, kultischen Messern und Dolchen, von denen einige erhalten sind. Wichtig ist auch die schon erwähnte Färbung der Runen mit Zinnober. Die steinernen Runendenkmäler sind fast alle verwittert, so daß wir allenfalls Spuren davon vorfinden, doch ist die Tatsache gut belegt, daß man Runen mit Vorliebe farbig anbrachte oder die Ritzungen ausmalte.

Unser Wort *Buchstabe* rührt aus jener Zeit her, als man magische und literarische Runentexte auf Buchenholztafeln ritzte oder schrieb, nach einer anderen Fassung auf Holzstäbchen (*kefli*). Deshalb sprechen wir noch heute von Runenstä-

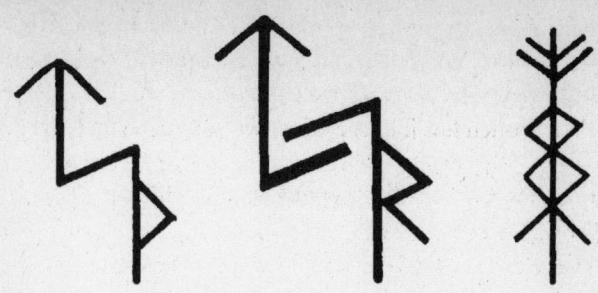

Abbildung 4: Binderunen
(nach Thorsson, *Handbuch der Runen-Magie*, Sauerlach 1987, S. 37)

ben, und auch der *Stabreim* entspringt dem Umfeld dieser Bedeutung. Außer Runengedichten und Erzählungen gab es, von den schon erwähnten magischen Texten abgesehen, eine Vielzahl durchaus profaner Anwendungen der Runen. So kennen wir beispielsweise Rechnungen und Alltagsbotschaften, die in Runenschrift verfaßt wurden. Besonders aufschlußreich ist für uns auch das sogenannte »Abc Nord«, das aus dem 9. Jahrhundert stammt. Dabei handelt es sich um eine zusammenfassende Übersicht verschiedenster Alphabete. Nach einem hebräischen und griechischen Alphabet folgt ein angelsächsisches Futhorc und schließlich:

★★ *feu forman* ★★ *ur after* ★★ *thuris thritten stabu*
★★ *os is th(em) o obro* ★★ *rat en(d) os uurita(n)* ★★
chaon thanne cliu(o)t ★★ *hagal* ★★ *nau(t) habet* ★★
is ar ★★ *endi sol* ★★ *(tiu)* ★★ *bri(c)a* ★★ *endi man*
midi ★★ *lagu the leohto* ★★ *yr al bihabe(t).*

Düwel schreibt dazu:

Eine Übersetzung muß zugleich auch interpretieren:
»Vieh *zuerst*, Ur, Thurse *als dritten Stab*, Ase *ist rechts*

davon, Rad *am Ende zu ritzen. Daran hängt dann* Fackel *(oder:* Geschwür*)*, Hagel *hält (hat)* Not, Eis, (Gutes) *Jahr und* Sonne. Ziu, Birke *und* Mann *inmitten (oder: damit)*, Wasser (See) *das Lichte,* Eibe *schließt alles ab.*«

(nach: Klaus Düwel, *Runenkunde*, Stuttgart 1968, S. 104)

Hierbei handelt es sich um eine Beschreibung der jüngeren Runenreihe, die in einem bunten Sprachgemisch verschiedenster deutscher Dialekte gehalten ist. Möglicherweise wurde das Merkgedicht auch in der Missionsarbeit im Norden benutzt. Es gibt noch eine ganze Reihe anderer aufschlußreicher Dokumente, aus denen wir manches von dem rekonstruieren können, was früher mit den Runen getan wurden. Doch sollten diese wenigen Beispiele hier genügen.

Wir werden noch sehen, daß all dieses historische Wissen für den Praktiker zwar durchaus von Interesse sein kann, daß es aber für den unmittelbaren Zugang zur Runenmagie nicht unbedingt erforderlich ist. Ebensowenig bedürfen wir dazu eines umfangreichen Studiums beispielsweise der *Edda* und anderer literarischer Zeugnisse der nordisch-germanischen Vergangenheit.

In diesem Buch wollen wir vielmehr einen direkteren, am urzeitlichen Schamanismus orientierten Zugang zu den Runen und ihren Kräften herstellen, wie ihn jeder wirkliche Runenpraktiker im Laufe der Zeit ohnehin sucht und findet. Im übernächsten Kapitel werden wir die Runen im einzelnen besprechen, doch zuvor soll nach der akademischen nun die esoterische Runenkunde zu Wort kommen.

2
Geschichte der Runen: esoterisch

Veistu hve rista skal? Veistu hve rada skal?
Veistu hve fa skal? Veistu hve fiesta skal?
Veistu hve bidja skal? Veistu hve blota skal?
Veistu hve senda skal? Veistu hve soa skal?
Havamal

»Weißt du zu ritzen? Weißt du zu raten?
Weißt du zu färben? Weißt du zu prüfen?
Weißt du zu bitten? Weißt du zu opfern?
Weißt du zu schicken? Weißt du zu vernichten?«

Wir erwähnten es schon: Viele hundert Jahre lag die Runenkunde brach. Das Christentum hatte nicht viel im Sinn mit heidnischem Gedankengut, und selbst wenn die Runen tatsächlich, wie man ja lange Zeit vermutete, erst in nachchristlicher Zeit entstanden sein sollten, so transportierten sie doch immerhin mit den Sagas urheidnische Mythen. Und sie wurden in den nordischen Ländern darum lange Zeit regelrecht verfolgt. Es ist auch wenig bekannt, daß es noch lange bis ins Mittelalter nordische Enklaven des alten Glaubens gab. Immer wieder flackerte auch das alte Feuer der Götter auf, meist in Form von nordisch-germanisch ausgerichteten Reformbewegungen, so beispielsweise wieder im 16. Jahrhundert. Immerhin wurde ein Land wie Schweden erst im Jahre 1100 offiziell christlich. In diesem Zusammenhang ist es sicherlich interessant, daß der alte Kult des Odinismus in Island seit einigen Jahren wieder als offizielle Religion beziehungsweise Kirche anerkannt ist.

Doch alle derartigen Bestrebungen wurden früher oder später radikal unterdrückt. Da wir von einer echten Runenkunde erst gegen Ende des 19. Jahrhunderts sprechen können, ist es nicht weiter verwunderlich, daß sich die Esoterik, die man damals ja noch Okkultismus nannte, auch erst um diese Zeit mit den Runen intensiver zu befassen begann. Der wohl bedeutendste Impulsgeber auf diesem Gebiet war GUIDO (VON) LIST (1848–1919), ein österreichischer Romancier mit recht exzentrischen Ansichten. Es ist inzwischen bekannt, daß er den Großteil seines »Runenwissens« auf medialem Weg empfing. So galt er für seine zahlreichen Anhänger als eine Art Prophet, ja, er ist es bis heute geblieben. Er befaßte sich mit geradezu schwindelerregenden Spekulationen linguistischer Art – mit der Rekonstruktion einer postulierten Ursprache jener Völker, die er die »Ariogermanen« nannte. Am wichtigsten aber war vielleicht seine Theorie, daß es ursprünglich ein 18er Alphabet der Runen gab. Dies schloß er aus der Tatsache, daß das *Zaubergedicht Odins* in der *Edda* 19 Strophen hat, von denen 18 tatsächlich eine runische Fähigkeit des Gottes beschreiben. Nun sind der akademischen Forschung aber keine Futharks mit 18 Stäben bekannt, wie wir bereits im vorigen Kapitel festgestellt haben (vgl. S. 9). Das hat jedoch die Gefolgsleute Lists nicht daran gehindert, von seinem System felsenfest überzeugt zu sein, zumal es angeblich auf der sogenannten »Erberinnerung« fußte.

Nach dem Orden, den List begründete, nennt man dieses Alphabet heute auch das *Armanen-Futhark*. In der Abbildung 5 ist diese 18er Reihe abgebildet (vgl. S. 23). Zustande kam sie natürlich nur, indem List dem »Jüngeren Futhark«

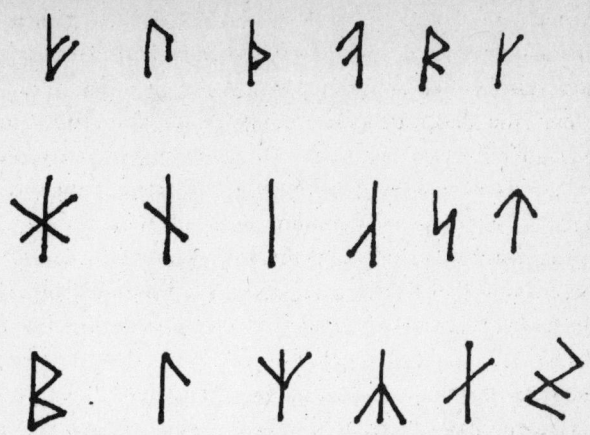

Abbildung 5: Armanen-Futhark nach Guido von List

zwei Zeichen hinzufügte, die er aus älteren Vorlagen übernahm. Bis in die siebziger Jahre unseres Jahrhunderts arbeitete die Runenesoterik fast ausschließlich mit diesem Armanen-Futhark. Das Ältere, aus 24 Stäben bestehende Alphabet dagegen, geriet in Esoterikerkreisen weitgehend in Vergessenheit. Es gab eine ganze Reihe von Autoren, die sich später auf List stützten; so etwa JÖRG LANZ VON LIEBENFELS, der Begründer der »Ariosophie«, einer Art Rassenmystik, die auch einen der ideologischen Vorläufer für die nationalsozialistische Rassenlehre bildete. Lanz war Herausgeber der berüchtigten *Ostara-Hefte*, von denen nachgewiesen ist, daß Adolf Hitler in seiner Wiener Zeit damit in Berührung kam. Er gründete auch den *ONT* oder *Ordo novi Templi* (Neutemplerorden) und hatte, genau wie sein Zeitgenosse RUDOLPH FREIHERR VON SEBOTTENDORFF Kontakte zu völkisch-ariosophischen, rechtsradikalen Kreisen um den Ersten Weltkrieg und später in der Weimarer Republik.

In dieser Zeit glaubte man, in der nordischen Kultur die Quelle jeglicher Weltzivilisation entdeckt zu haben. Das Ariertum wurde hochgehalten, unbeschadet der Tatsache, daß die Rassenlehre ebensowenig mit wissenschaftlich nachweisbaren Fakten zu tun hatte, wie das Armanen-Futhark mit den tatsächlich verwendeten Runenalphabeten früherer Zeiten. Man versuchte sogar die hebräische Kabbala und das Christentum zu »arisieren«. So bekunden Vertreter dieser Weltanschauung, die es noch heute in einiger Anzahl gibt, daß das nordische Weistum mit der Verfolgung durch Karl den Großen dazu gezwungen war, in den jüdischen Synagogen Zuflucht zu suchen, woraufhin das Judentum später daraus die Geheimlehre der Kabbala schuf.

Wer sich ein wenig mit der Literatur der zwanziger Jahre befaßt, dem wird auffallen, daß damals auch immer wieder das Thema aufgegriffen wurde, ob Jesus denn nun Jude war oder nicht. Manche dieser Rassentheoretiker versuchten eine Art »nordisches Christentum« zu schaffen, das von semitischen Elementen »gereinigt« sein sollte, so wurde beispielsweise aus dem jüdischen Rabbi Joshua von Nazareth ein »arischer« Frauja. Lanz von Liebenfels, ein ehemaliger Zisterziensermönch, war nach dem Tode Guido von Lists sicherlich die treibende Kraft dieser Bewegung. Er soll es auch gewesen sein, der als erster die Hakenkreuzfahne hißte. Noch heute wird in Esoterikerkreisen noch viel darüber gemunkelt, daß der Nationalsozialismus »in Wirklichkeit« auf okkulte Geheimbünde zurückgehe, die aus dieser arisophischen Richtung entsprangen.

Doch es würde zu weit führen, dieses hochkomplizierte Thema hier zu vertiefen. Wichtig ist für uns nur, daß der Mißbrauch der Runen nicht erst im Dritten Reich der Nationalsozialisten begann – ihre Verbindung zur vermeintlich germanischen Rassenlehre (die durch keinerlei wissenschaftliche Erkenntnis gestützt ist) wurde schon viel früher hergestellt. Weder der Rassismus noch der Germanenkult der Nationalsozialisten entstand im luftleeren Raum, und so ist die Geschichte der esoterischen Runenkunde keineswegs nur ruhmreich gewesen.

Zwei weitere wichtige Autoren sind in diesem Zusammenhang RUDOLPH JOHN GORSLEBEN und FRIEDRICH BERNHARD MARBY, weniger bekannt dagegen war der »Rasputin Himmlers«, KARL MARIA WILLIGUT (Sturmbannführer Weisthor). Marby war der Erfinder oder, je nach Anschauung, Entdecker der *stödhur* oder Runen-Gymnastik, die man auch als Runen-Yoga bezeichnet. Darauf werden wir später im Zusammenhang mit der Heilkraft der Runen zurückkommen.

Die zwanziger Jahre waren eine Blütezeit vor allem des deutschen Okkultismus. Die 1875 entstandene Theosophie hatte weltweit eine Lawine ins Rollen gebracht, die bis heute noch nicht zum Stillstand gekommen ist. Vor allem das Deutschland der zwanziger Jahre war ein Tummelplatz für Weltanschauungs-Jünger, Sektierer, Geheimbündler, Suchende und Findende aller Art. Nach dem Schrecken des Ersten Weltkriegs besannen sich viele Menschen auf das, was jenseits der materiellen Wirklichkeit zu sein schien und noch immer seiner Entdeckung harrte. Davon blieb auch die Runenkunde nicht verschont.

Doch unabhängig von ihren späteren Entwicklungen wird die Runenlehre von der Mythologie schon von Anfang an ganz anderen Ursprüngen zugeschrieben als den profanhistorisch erfaßten. Wie so viele heilige Alphabete sollen auch die Runen göttlichen Ursprungs sein: eine Gabe des Gottes Odin an den Menschen. Im Falle Odins ist die Erschaffung der Schrift allerdings etwas differenzierter zu sehen als in den meisten ähnlichen Mythen, in denen davon die Rede ist, daß eine

Gottheit den Menschen die Schrift einfach als Geschenk übergibt.

Denn wenn wir uns Odins berühmtes Runenlied aus dem Hâvamâl anschauen, bekommen wir zahlreiche Hinweise auf das, was früher mit einiger Wahrscheinlichkeit mal Runenpraxis gewesen sein dürfte:

> Ich weiß, daß ich hing am windigen Baum
> Neun lange Nächte,
> Vom Speer verwundet, dem Odin geweiht,
> Mir selber ich selbst,
> Am Ast des Baums, von dem man nicht sieht,
> Aus welcher Wurzel er entspringt.

> Sie boten mir nicht Brot noch Horn;
> Da neigt' ich mich nieder,
> Nahm die Runen auf, nahm schreiend sie auf,
> Fiel nieder zur Erde.

Mircea Eliade und andere Forscher haben auf den schamanischen Charakter dieser Strophen hingewiesen. Man opferte dem Odin, indem man die Opfer aufhängte. Und es ist auch bekannt, daß vor allem sibirische Schamanen in Trance einen realen oder visionären Baum besteigen, um dadurch Zugang zu anderen Dimensionen zu erlangen.

Odin hat sich also selbst an einem Baum aufgehängt – eine asketische Schamanenpraxis. Dabei handelt es sich zweifellos um die Weltenesche Yggdrasil – ein weiteres schamanisches Element, denn Yggdrasil wird übersetzt mit »Renner des Ygg«, wobei Ygg eine Alternativbezeichnung für Odin ist. Den Galgen nannte man in der nordischen Tradition auch das »Pferd des Gehängten«. Odin begibt sich auf seinem achtbeinigen Pferd Sleipnir unter anderem auch in die Unterwelt, ebenfalls ein beliebter »Aufenthaltsort« der Schamanen. Das

Aufhängen eines Kandidaten im Rahmen einer Initiationszeremonie findet sich in verschiedenen schamanischen Kulturen. Daß Odin tatsächlich schamanische Züge trägt, belegt auch die Tatsache, daß er an anderer Stelle, nämlich von Snorri, folgendermaßen beschrieben wird: »Sein Körper lag wie schlafend oder tot da, er selbst aber war ein Vogel oder ein wildes Tier, ein Fisch oder eine Schlange. Er konnte in einem Augenblick in ferne Länder fahren...« (*Ynglingasaga 7*; zit. n. Eliade, S. 363)

Schamanen aber sind geradezu notorische Gestaltwandler: Sie verändern ihren Bewußtseinszustand, sei es durch Zuhilfenahme von Rauschdrogen oder durch bestimmte, meist asketische oder den Körper überfordernde Praktiken (beispielsweise durch Hängung!), um dann im Geiste den Körper zu verlassen, eine andere, oft tierische Gestalt anzunehmen und durch die verschiedensten Reiche, Ebenen oder Dimensionen zu reisen.

Das wiederum konfrontiert uns mit der These, daß es sich bei Odin möglicherweise um eine historische Gestalt gehandelt haben könnte: nämlich um einen urzeitlichen Schamanen, der im Laufe seiner magischen Praktiken die Runen visionär empfing und später zum Gott erhoben wurde. Hier wird es wichtig, zwischen den Runen als *Schrift* und den Runen als *Kräfte, Mächte* oder *Prinzipien* zu unterscheiden, was die akademische Runenforschung natürlich nicht tut.

In früheren Zeiten galt das gesprochene wie das geschriebene Wort grundsätzlich als heilig. Wer gar des Lesens und Schreibens kundig war, war dadurch selbst schon fast ein Zauberer. Schriften wie *Devahagari* im Sanskrit, die altägyptischen Hieroglyphen und das hebräische Alphabet dienten überwiegend sakralen Zwecken. Dies konnten sie aber wiederum nur tun, weil ihnen etwas Magisches anhaftete, eine dem normalen Menschen schwerverständliche übernatürliche Kraft oder

Macht. Wir haben im letzten Kapitel bereits erwähnt, daß auch viele Piktogramme oder Zauberzeichen als Runen bezeichnet werden, obwohl die akademische Runenforschung derlei nicht gern sieht (vgl. S. 9 ff.).

Auch wenn die schriftliche Fassung der *Edda* und anderer nordischer Mythen vergleichsweise jung ist, können wir doch davon ausgehen, daß sie sich auf eine sehr alte mündliche Überlieferung beziehen. Und diese wiederum speiste sich mit Sicherheit aus den Quellen der Intuition und der visionären Erfahrung, wie sie uns schamanische Ekstasetechniken noch heute bescheren. Insofern ist der Ansatz der esoterischen Runenforschung, die ja weitgehend intuitiv ist, prinzipiell sicherlich nicht falsch. Solange wir allerdings nicht versuchen, die Erkenntnisse und Visionen eines einzelnen zu verallgemeinern und zum Dogma für andere zu machen. Denn das wäre erneut jener Weg in die institutionalisierte Ohnmacht, wie ihn die meisten der organisierten Religionen vorzeichnen. Mit diesem Thema wollen wir uns im nächsten Kapitel beschäftigen (vgl. S. 34).

Abschließend sei der Vollständigkeit halber noch erwähnt, daß sich vor allem durch die ausgezeichneten Arbeiten des amerikanischen Runenmagiers EDRED THORSSON in den letzten Jahren ein grundlegender Wandel innerhalb der esoterischen Runenkunde vollzogen hat. Thorsson promovierte in Nordistik, studierte einige Jahre in Deutschland und ist einer der wenigen esoterischen Runenforscher, die die alten Schriftquellen im Original zu lesen verstehen. Darüber hinaus aber hat er sich vom Schnürkorsett akademischer »Seriosität« insoweit befreit, als er die Runen eben nicht nur als Wissenschaftler, sondern auch als praktizierender Magier behandelt und bearbeitet. So gelingt ihm als einem der wenigen der Brückenschlag zwischen fundierter, nicht nur auf Phantasien fußender Runen*forschung* und gewissenhafter, wirkungsvoller Runen*praxis*. Thorsson war es, der erstmalig seit langer Zeit das allgemeine Interesse wieder auf das Ältere Futhark lenkte. Obwohl er seinen praktischen Wert durchaus anerkennt, verwirft er das Armanen-Futhark zugunsten der differenzierteren, umfassenderen älteren Runenreihe. Und er war es auch, der als einer der ersten auf praktischer Ebene den Unterschied zwischen den Runen als Schrift oder Buchstaben und den Runen als magische Kräfte herausarbeitete. So löst sein scheinbar »neues«, tatsächlich aber doch sehr altes System das der Armanen-Runenpraktik langsam, aber sicher ab.

Letzteres wurde nach Marby vor allem in der Nachkriegszeit von dem Berliner Okkultisten KARL SPIESBERGER weitergeführt, dessen beide Werke zu dem Thema jahrzehntelang das einzige waren, was zu diesem Thema auf dem deutschen Buchmarkt erhältlich war. Doch so unhistorisch das Armanen-Futhark auch sein mag, sind die mit ihm zusammenhängenden magisch-mystischen Praktiken doch sehr effektiv, und hier hat auch Thorsson manche Anleihe getätigt.

In den letzten Jahren hat sich die Literaturlage gründlich geändert: Immer mehr Bücher über Runen und ihre Nutzung erscheinen, sehr viele davon von ausländischen Autoren verfaßt, aber auch einige deutsche Selbstentwicklungen darunter. Die Runen sind internationaler geworden: Vor allem in den Vereinigten Staaten von Amerika finden sie immer mehr Anhänger. Edred Thorsson leitet selbst eine sogenannte *Runengilde*, die sich der praktischen Runenanwendung verschrieben hat und deren Mitglieder über die ganze Welt verstreut sind. (Die Adresse finden Sie auf S. 154).

Von einem »magischen Unfall« lesen wir im Zusammenhang mit dem Skalden Egil. Er wurde gerufen, um eine kranke Bauerstochter zu heilen. Ihre Krankheit war das Ergebnis eines durch Unkenntnis fehlgeleiteten Liebeszaubers. Ein Bauernbursche hatte einen Fischkiemen mit Runen geritzt und ihr ins Bett gelegt. Weil er aber versehentlich einen Stab zuviel ritzte, kehrte sich die Bedeutung in ihr Gegenteil um. Aus Liebes- wurden Krankheitsrunen, und Egil mußte die Unheilbringer erst enfernen, bevor er eigene Heilungsrunen ritzte. Dabei sagte er:

> *Runen ritze keiner*
> *rät er nicht, wie's steht drum!*
> *Manches Sinn schon, mein ich,*
> *Wirren Manns Stab irrte.*
> *Zehn der Zauberrunen*
> *Ziemten schlecht dem Kiemen:*
> *Leichtsinn leider machte*
> *Lang des Mädchens Krankheit.*
> (*Thule* III Kap. 72)

Hier haben wir es natürlich mit einer streng dogmatischen Auffassung zu tun: Ihr zufolge gibt es »richtige« und »falsche« Zauber und Formeln, schon der geringste »Ritualfehler« kann verheerende Folgen haben.

Es entspricht jedoch nicht dem schamanischen Urwesen der Runenzauberei, von derlei starren Regeln auszugehen. Hier ist vielmehr eine zivilisatorische Verfallserscheinung zu erkennen, wie sie sich leider in der gesamten praktischen Magie beobachten läßt. Dort, wo der Priester den Schamanen ablöst und die institutionalisierte Religion in Form einer wie auch immer benannten Kirche zum Ersatz für den unmittelbaren Zugang zu den Dingen »hinter den Welten« wird, entsteht meist auch der Käfig der Vorschriften, Regeln und

»Naturgesetze«, in dem wir uns dann in behaglicher Ohnmacht einrichten. Dabei bleibt meist die Frage außen vor, wer denn nun eigentlich den ersten »Meister« eingeweiht hat, wer denn der wirkliche Zauberer ist: jener, der sich einem vermeintlich festgelegten Kosmos immer nur anpaßt, um dafür mit dem Zorn, der Eifersucht und der Willkür irgendeiner Gottheit belohnt zu werden? Oder jener, der weder Herrn noch Meister über sich duldet und sich auch von keiner noch so »objektiven« Wirklichkeit korrumpieren läßt?

Runen können frei machen, sie können aber auch versklaven – das liegt bei uns allein. Wer in ihnen nur ein Korsett sucht, eine weltanschauliche Prothese, mit deren Hilfe er bequem vergessen kann, was zu bewältigen er hier auf diesem Planeten ursprünglich vielleicht einmal angetreten ist, den werden sie auch zwangsläufig zum Spielball »überpersönlicher« Mächte und Kräfte machen, bis er bestenfalls im Wahnsinn endet. Schlimmstenfalls aber in jenem überheblichen Aberglauben der Verkennung, wie er für so viele vermeintlich »Eingeweihte« typisch ist.

Es wäre falsch, davon auszugehen, daß Runen dazu Stellung beziehen würden. Zielführender ist da schon die Auffassung, daß sie völlig neutral bleiben. Es hat wenig Zweck darauf zu vertrauen, daß irgendeine wohlmeinende kosmische Instanz schon eingreifen und alles wieder richten wird, wenn wir uns für den Weg der Selbstvernichtung entscheiden. Sowenig wie wir dergleichen von der Elektrizität erwarten dürfen, sowenig gilt dies auch für Runen. Denn Runen sind hart: hart für jenen, der über und durch sie nur mit seiner eigenen Sentimentalität zu spielen vermag; der es nicht fertigbringt, Licht *und* Schatten in seinem eigenen Inneren zu erkennen und zu manifestieren. Zu oft wird übersehen, daß die alten Sagas zu den blutrünstigsten Texten der Menschheitsgeschichte gehören. Man kann die Auffassung vertreten, dies sei nur Ausdruck einer immer noch sehr primitiven Zivilisation. Man kann sich auch davor fürchten, nicht immer zu Unrecht, besonders wenn man sich daran erinnert, welche Untaten in den Jahren 1933 bis 1945 im Namen eben dieser Zivilisation begangen wurden.

Doch all das verstellt nur den Blick für die Tatsache, daß es in der Magie immer nur um den Zugriff des Zauberers geht, um seine Macht: um die Macht, niemandem dienen und nutzen zu müssen. Um die Macht, alles tun und verhindern zu können, was man will oder nicht will. Um die Macht schließlich, den »Ort des Geheimnisses« zu erschaffen, an dem nichts Fremdes in Erscheinung treten kann, weil zu Ende geführt wurde, was zu Ende zu führen ist. Und das ist so gut wie alles, was wir als vertraut empfinden.

Häufig verwendete man in Runeninschriften die Vergangenheitsform, beispielsweise in der Formel von Calleby, die sich liest: *thrawijan · hitinaz: was*, »Ihm (dem Toten) wurde befohlen sich (nach dem Grab) zu sehnen« (Thorssen, *Runelore*, S. 20). Thorsson weist darauf hin, daß dies aus zwei Gründen geschah, beide magischer Natur: Erstens stärkte es die Macht eines Zaubers, wenn man so tat, als sei der magische Willensakt bereits in Erfüllung gegangen. Zweitens sollte damit dokumentiert werden, daß der Runenmeister sein Ritual schon sehr viel früher durchgesetzt hatte, bevor er den magischen Willen in Gang setzte. Damit wird die *Macht der Vergangenheit* heraufbeschworen, ein sehr germanisches Konzept. In diesem Sinn ist also nicht jener Magier mächtig, der irgendwann auf einer linear gedachten Zeitachse zum richtigen Zeitpunkt anfängt, sondern jener, der *nie* aufgehört hat. Eine solche Vorstellung mag unserem heutigen Denken fremd erscheinen. Erfahrene Runenmagier schwören jedoch darauf, daß es ihre Kunst um einiges wirkungsvoller macht, wenn sie sich diese Wahrnehmungsweise aneignen.

Kehren wir dem geschichtlichen Teil unserer Betrachtung nun für eine Weile den Rücken und befassen wir uns damit, was die Runen dem Menschen des ausklingenden 20. Jahrhunderts noch zu bieten haben – und das ist, wie Sie sehen werden, manches!

3
Psychologie und Magie der Runen heute

Es gab eine Zeit, da etwas vergleichweise Einfaches wie der indische Yoga im Westen fast den Charakter einer Geheimlehre besaß. Das ist noch gar nicht allzu lange her, noch in den fünfziger und sechziger Jahren wurde fast jeder belächelt, der unvorsichtig genug war, anderen von seinem Interesse an Yoga-Philosophie und -Praxis zu erzählen. Dergleichen tritt immer in Phasen auf: In den zwanziger Jahren beispielsweise dürfte das Durchschnittswissen über den Yoga um einiges höher gelegen haben.

Auch esoterische Disziplinen, die dem Menschen bei der Beantwortung der drei gnostischen Grundfragen »Wer bin ich?«, »Woher komme ich?« und »Wohin gehe ich?« behilflich sein wollen, unterliegen in gewissem Umfang Trends und Moden. Das ist bei der esoterischen Runenkunde nicht viel anders. Im Augenblick befindet sie sich im Aufwind, doch das war nicht immer so und wird vermutlich auch nicht immer so bleiben.

Es würde hier zu weit führen, zu untersuchen, welche Ursachen derlei Trends und Moden haben. Dabei spielen viele verschiedene Faktoren eine Rolle. Allen voran aber das nie zu stillende Bedürfnis des Menschen, Macht über sein eigenes Schicksal zu erlangen: Macht durch Wissen und Macht durch Tun. Die alten Geheimlehren, die so »geheim« im Sinne »unbekannt« gar nicht sind, müssen immer wieder aufs neue entdeckt und formuliert werden. Jede Epoche verlangt danach, sie in ihrer eigenen, zeitgemäßen Sprache kennenzulernen.

Sprache und Denken aber bestimmen das Verständnis der Wirklichkeit. Und umgekehrt versucht der Mensch stets, das, was ihm unvertraut ist, in Beziehung zum Bekannten und für wahr Gehaltenen zu setzen. Die Grundbedürfnisse der Menschen mögen zwar immer die gleichen bleiben; die Formen aber, in denen sie sich äußern, wie sie sich artikulieren und an denen sie sich reiben, sind von Generation zu Generation verschieden. Auch die Projektionen wechseln: Sah man vor fünfzig Jahren noch in der germanisch-nordischen Kultur vor allem die – natürlich fiktive – »Rassenreinheit« und die Sippenverbundenheit, so wird die heutige Suche nach den Quellen schnell zur Spiegelfläche unserer psychischen und ökologischen Nöte. So wollen wir in unseren Vorfahren in erster Linie die – ebenso fiktiven – »Naturmenschen« erkennen, die in angeblich vollkommener Harmonie mit ihrer Umwelt lebten. Und sicherlich wird die nächste Generation wiederum andere, zeitspezifische Utopien in der Vergangenheit entdecken wollen.

Schon die Tatsache, daß wir derlei erkennen können, ist zeitbedingt. Denn sie beruht auf den Aussagen der Tiefenpsychologie, die für den Menschen des endenden 20. Jahrhunderts teilweise Mythologie und Theologie ersetzt hat. Tiefenpsychologisch betrachtet, handelt es sich bei Runen um Manifestationen archetypischer Kräfte und Seelenstrukturen. Jede Mythologie beinhaltet ein vollständiges System psychologischer Einordnungen und Erklärungen. Vereinfacht ausgedrückt: Wir brauchen nicht an die oft mit den Runen in Verbindung gesetzten altgermanischen Götter und Wesenheiten zu glauben, wir können darin auch die Verkörperung innerseelischer Prozesse und Anliegen erblicken. Für die praktische Arbeit mit den Runen macht das keinen nennenswerten Unterschied. Denn genau daran zeigt sich, wie zeitlos ein System ist: ob es nämlich die verschiedensten Erklärungs- und Deutungsmodelle, die sich im Laufe der Jahrhunderte abwechseln, übersteht und sich in sie einfügt. Es geht also darum, wie »modern« die Runen sein können.

Bei genauerer Betrachtung stellt sich oft heraus, daß altes Wissen oft erstaunlich zeitgemäß wirkt, und das liegt sicher- lich nicht immer nur an der Projektion allein. Denn die Grundstrukturen menschlichen Lebens, menschlicher Äng- ste und Hoffnungen, Erfahrungen und Perspektiven haben sich im Laufe der Zeiten kaum jemals grundlegend geändert. Und die Praxis beweist immer wieder, wie kraftvoll gerade die Runenpsychologie zu greifen vermag. So hat das Runen- weistum den Charakter einer ewig aktuellen, archetypischen Lebenshilfe, auf die wir uns nur ein wenig einzulassen brauchen, um all ihrer Vorzüge teilhaftig zu werden.

Allerdings setzt dies ein gewisses Maß an Offenheit voraus. Wer mit vorgefertigten psychologischen Konzepten an die Sache herangeht, tut sich selbst keinen Gefallen. Der Runen- kosmos besitzt eine eigene Atmosphäre, eigene Gesetze und eigene »Stimmungen«. Wer sich ihm öffnet, dem reicht er gern eine helfende Hand; wer sich ihm aber mit dem Anspruch des gnadenlosen, besserwisserischen Eroberers nähert, vor dem verschließt er sich und offenbart eine eisklare Kälte. In diesem Zusammenhang ist es auch wichtig, sich von den vielen Vorurteilen zu lösen, die sich besonders im deutschsprachigen Raum aufgrund der jüngeren Geschichte hinsichtlich der Runen aufgebaut haben. Kein Zweifel – lange Zeit waren es ausschließlich politisch rechtsextreme, völkisch oder rassistisch gesinnte Kreise, die den Versuch unternah- men, sich sozusagen ein Wahrheitsmonopol in Sachen Runen anzueignen. Heinrich Himmlers SS verwendete, um nur ein Beispiel zu nehmen, die doppelte *Sig*- oder *Sowilo*-Rune als

Emblem. Und das alte Sonnenrad wurde in Form des Haken-
kreuzes zu einem Inbegriff menschenverachtender Greuelta-
ten und des Völkermordes durch das NS-Regime. Die
Deutschtümelei der Nazis, ihr Rückbezug auf dumpfes Mit-
läufertum provozierende Mythen wie denen vom »Blut und
Boden«, von der »Schollenverbundenheit des deutschen
Wehrbauerns« und natürlich auch vom »Lebensraum im
Osten« haben das ihre dazu beigetragen, um jede Beschäfti-
gung mit den Runen suspekt erscheinen zu lassen. Derlei
Ängste und Schrecken sitzen tief, und es kann auch hier nicht
unsere Absicht sein, sie auch nur im Ansatz zu verharmlosen
oder zu ignorieren.

Andererseits wäre es töricht, die Runen für ihren Mißbrauch verantwortlich zu machen. Schließlich ziehen wir ja
auch einen Jesus Christus nicht für die Metzeleien und
Völkermorde zur Verantwortung, die einst in seinem Namen
begangen wurden, ja, teilweise heute noch begangen werden.
Gewollte und ungewollte Mißverständnisse lassen sich eben
nie verhindern, aber es ist niemandem damit gedient, wenn
wir weiterhin unsere Berührungsängste pflegen anstatt genau
hinzuschauen. Das ist keine rein psychologische Sache; auch
eine scharfe Betrachtung historischer Tatsachen kann dabei
dienen, solche oft nur unterschwellig wirksame Hindernis-
faktoren aus dem Weg zu räumen.

So wissen wir beispielsweise, daß manche völkische Kreise
auch die Runenkunde pflegten. Gleichzeitig aber waren sie
politische Steigbügelhalter des Nationalsozialismus. Allen
voran sind in diesem Zusammenhang die Thule-Gesellschaft
und der Germanenorden zu nennen. Aber es gab natürlich
noch sehr viel mehr, meist kleinere Gruppen ähnlicher Weltanschauung. Es ist wenig bekannt, daß das Kampfblatt der
nationalsozialistischen Bewegung, der *Völkische Beobachter*,
aus einer Münchner Sportzeitung hervorging, die sich
ursprünglich im Besitz des Thule-Ordens befand. So weit, so

gut – noch bewegt sich alles im herkömmlichen historischen Bezugsrahmen.

Übersehen wird freilich bei dieser Debatte allzuoft die Tatsache, daß die Nationalsozialisten kurz nach der Machtergreifung 1933 sämtliche Geheimbünde und okkulte Bruderschaften verboten haben, die völkisch-nationalen eingeschlossen. Viele ihrer Mitglieder endeten sogar in Schutzhaft oder später im Konzentrationslager, denn nachdem die Macht erst einmal erlangt war, brauchte man sie nicht mehr. Ja, sie erschienen dem NS-Regime sogar als ausgesprochen gefährlich, weil sich ihre im geheimen stattfindenden Tätigkeiten nur schwer kontrollieren ließen.

Da jede Diktatur nichts stärker fürchtet als die Subversion, lag es nur nahe, auch diesen, dem Nationalsozialismus weltanschaulich oft doch sehr eng verbundenen Organisationen, das Kreuz zu brechen. An dieser Schnittstelle wird aber auch offenbar, wie wenig Runenkunde und nationalsozialistische Ideologie tatsächlich gemeinsam hatten: Solange die politische Macht im Staat noch nicht errungen war, bediente man sich der Runenmagier und -mystiker nur zu gern als »nützliche Idioten« und stellte vielleicht auch ideologische Gemeinsamkeiten heraus. Dabei verschleierte man aber doch völlig andere Ziele, wie sie sich dann in den Zeiten der Willkürherrschaft von 1933 bis 1945 aufs schrecklichste offenbarten.

Daran ändert auch die Tatsache nichts, daß vereinzelt Nazi-Größen, allen voran Heinrich Himmler, ein durchaus inniges Verhältnis zu Geheimlehren und Esoterik aller Art hatten. In Himmlers Organisation *Ahnenerbe* wurden zwar auch Rassenmystiker wie der im vorletzten Kapitel bereits erwähnte Karl Maria Willigut, aber auch der Katharer-Forscher Rudolph Rahn beschäftigt. Und es mag sogar sein, daß sich der Reichsführer SS echte Hoffnungen darauf machte, mit Hilfe eines für überlegen gehaltenen Runenwissens die nationalsozialistische Machtpolitik effizienter durchsetzen zu können. Aber das waren allenfalls Ausnahmen, die zudem nur in einem klar umrissenen Verfügungsgerüst tätig sein durften, denn jedweder Widerstand wurde auch hier sofort drastisch geahndet.

Und schließlich sollten wir noch etwas Grundsätzliches bedenken: Jede Magie ist im Kern anarchisch. Wenn wir heutzutage etwas verträumt über frühere Naturvölker sinnieren, bekommt dies oft den Charakter romantischer Verklärtheit, ganz so als habe es damals überall nur Harmonie und Eintracht gegeben. Dabei ist das genaue Gegenteil der Fall. Selbst innerhalb eines sehr kleinen, überschaubaren Rahmens wie dem eines Stammesgefüges gab es eine scharfe Trennung zwischen den »Wissenden« und den von ihnen abhängigen »Unwissenden«. Der Schamane war immer ein Außenseiter, der zwar gern und häufig zum Dienst an seiner Gemeinschaft herangezogen wurde, dem man aber nicht traute, weil man ihn nur zu fürchten wußte. Das neuhochdeutsche Wort *Hexe* leitet sich ab vom althochdeutschen *Hagazussa*, was sich mit »Zaunreiterin« übersetzen läßt. Damit ist der »Zaun zwischen den Welten« gemeint, die Trennungslinie zwischen Alltagsdiesseits und der magischen Realität, die zu erforschen und beherrschen nicht jedem gegeben ist.

Die alte Hexe oder weise Frau war also, genau wie ihr männlicher Gegenpart, ein Mensch, der, teils für sich allein, teils auch im Interesse des Kollektivs, die Funktion eines Grenzgängers wahrnahm. Im Runenkontext spricht man vom *vitki*, um einen männlichen Runenmagier zu bezeichnen, während Runenzauberinnen den Namen *volva* trugen. Solche Leute standen unter permantem Erfolgsdruck. Weil ihr Tun dem Rest der Gemeinschaft – durchaus zu Recht – unheimlich war, blieben sie permanente Fremdkörper innerhalb des kollektiven Organismus. Zwar konnte und wollte man auf ihre Dienste nicht verzichten: Man brauchte sie zum Heilen, zur Sicherung der Ernten, zum Aufspüren des Wilds bei der Jagd, zur Unterstützung der Stammeskrieger im Kampf, zur Zukunftsvorhersage und zur Herstellung allerlei magischer Gegenstände wie Talismane, Amulette und Fetische. Sie dienten zugleich als Seelsorger, später auch als Priester, als Psychiater und Schlichter oder Richter. Außerdem hatten sie die Funktion, die Geschichte des Stammes in Form von Mythen, Legenden und auswendig gelernten Genealogien zu bewahren und zu tradieren. Ihre Aufgabe war also alles andere als unwichtig, doch eben darin lag auch die große Gefahr. Denn versagte ein Stammeszauberer überdurchschnittlich häufig, gelang es ihm beispielsweise nicht, durch visionäres Aufspüren des Wilds für eine ausreichende Verpflegung des Kollektivs zu sorgen, so wurde er sehr schnell der bösen Hexerei bezichtigt und liquidiert.

Man könnte sogar die These wagen, daß die institutionalisierten Religionen letztlich eine Funktion des Selbstschutzes für ebendiese Menschen boten und nur aus diesem Grund entwickelt wurden. Auf diese Weise wurde später der Glauben im Sinne von »fürwahrhalten« wichtiger als die magische Effizienz; der Druck war gelindert, sogar umgeschichtet worden. Denn nun oblag es den Gläubigen, dafür zu sorgen, daß sie die zahllosen komplizierten Regeln und Gesetze der »Götter« nicht verletzten.

Der Schamane ist aber nicht nur ein Außenseiter, er gilt auch als der einzige wirklich freie Mensch. Denn er ist in seinem Tun und in seiner Wahrnehmung nicht auf eine Realität allein beschränkt. Er vermag es mit Hilfe seines Wissens und seiner Erfahrung, die Seelen von Verstorbenen, denen man ein überragendes Wissen um die Zukunft zusprach, im Interesse einzelner oder des Kollektivs um Rat anzugehen. Ihm oblag es, mit Hilfe unheimlich anmutender und für den Laien völlig unverständlicher Rituale, sowohl dem Kriegsgegner als auch unliebsamen Nachbarn Schaden zuzufügen. Auch für Liebeszauber waren diese Menschen zuständig, ebenso natürlich für Erwerb und Sicherung des Besitzstands. Kurzum, der Schamane konnte all das, was der Durchschnittsmensch nicht vermochte. Deshalb war er mächtiger und freier als dieser. Da er sich aber allenfalls den Göttern gegenüber zu verantworten hatte und kein menschliches Gericht ihm etwas anhaben konnte – zumindest nicht ohne damit das Wohl des ganzen Stammes zu gefährden –, unterlag er auch im Idealfall keinen herkömmlichen Gesetzen und Regulativen.

Übersetzt in unseren Zusammenhang bedeutet dies, daß die Runenpraxis uns Möglichkeiten erschließen kann, die für den Durchschnittsmenschen unheimlich, bedrohlich und daher notgedrungen verwerflich erscheinen dürften. Denn die menschliche Natur bringt es nun einmal mit sich, daß auch und gerade in Situationen der Gefangenschaft die Anpassung durch Hackordnung oberstes Prinzip bleibt: Es sind die Gefangenen selbst, die es unerträglich finden, wenn einem der ihren tatsächlich die Flucht gelingt.

Deshalb wäre es auch vergeblich, darauf zu hoffen, daß Sie sich durch Ihre Runenaktivitäten ausgerechnet jene soziale Akzeptanz erwirtschaften könnten, deren Voraussetzung doch gerade darin besteht, eben *nicht* aus der Masse und dem Alltagstrott auszuscheren. Mit anderen Worten: Sie sollten sich darauf einstellen, daß jede Magie, egal welchen Ursprungs, Sie zunächst ein gutes Stück in die Einsamkeit führen wird. Das wird allerdings nicht so bleiben. Denn nachdem Sie sich von alledem losgelöst haben, was Ihnen bisher noch vertraut erschien, nachdem Sie es gewagt haben, sich in das Abenteuer des Unvertrauten hineinzubegeben, werden Sie entdecken, daß Sie nicht länger allein sind. Plötzlich fallen alte Gewohnheiten und Abhängigkeiten von Ihnen ab, die Ihnen bisher nur den Blick dafür verstellten, daß Materie eben niemals »tot« ist, daß der Rationalismus mit seinem scheinbar alles erklärenden Weltbild nur die Verwaltung der Verkennung war. Kurzum: daß Dinge möglich und durchführbar werden, von denen Sie früher nicht einmal zu träumen gewagt hätten.

Das geht allerdings nicht ohne eine gewisse Mühe vor sich. Damit ist weniger die Selbstkasteiung verbissener Übungen gemeint, als vielmehr die Bewältigung der Aufgabe, all jene Dinge ein für allemal zu Ende zu führen, die Ihnen bisher den Zugriff auf Ihr eigenes Schicksal zu verweigern versuchten. In diesem Sinne spielt es auch gar keine Rolle, mit welcher esoterischen Disziplin Sie anfangen: Alle Wege führen nach Rom – allerdings muß man auch tatsächlich nach »Rom« wollen!

Solange Sie noch damit beschäftigt sind, wie es leider bei allzu vielen sogenannten »Para-Wissenschaftlern« noch heute der Fall ist, sich selbst und andere davon zu überzeugen, daß es sich lohnen könnte, den Schritt hinein ins magische Weltbild zu unternehmen, solange befinden Sie sich im permanenten Rückgriff auf das, was Sie doch eigentlich hinter sich lassen wollten. Um im Bild zu bleiben: Der Gefangene, der sich vor seiner Flucht auch noch unbedingt von seinen »netten« Wärtern verabschieden will, nur um den Vergeblichkeiten menschlicher Schein-Kommunikation Genüge zu tun, und dabei das Raubgefüge der Situation völlig verkennt, wird sein vorgebliches Ziel der erfolgreichen Flucht vermutlich nie erreichen. Doch ist das keine Frage der Entsagung. Es kann nicht darum gehen, sich von der Welt abzuwenden und auf irgendeiner Insel der glückseligen Isoliertheit dahinzuvegetieren. Magie findet immer nur im Alltag statt – oder überhaupt nicht!

Gerade gegen dieses Prinzip hat die Mehrheit bisheriger Runenautoren immer wieder verstoßen. Statt dessen machte sie aus der Runen*magie* eine Art Runen*religion*. Was eigentlich unmittelbare Überlebenstechnologie im Alltagskampf hätte sein sollen, wurde zur besseren Sonntagsaktivität. Wir wollen hier einen anderen Weg gehen. Unser Anliegen ist es, Ihnen Möglichkeiten zu zeigen, wie Sie Runen in Ihren Alltag integrieren und nutzen, *ohne* dabei auf mystische und überpersönliche Erfahrungen zu verzichten, wenn diese es Ihnen angetan haben sollten.

Bevor wir jedoch die Runen im einzelnen besprechen und auf ihren praktischen Gebrauch eingehen, sollten wir noch einen Grundsatz voranschicken. *Alle Runenerfahrung kann nur persönlich sein!* Durch persönliche, individuelle Schau (denken Sie an das Beispiel Odins!) wurden die Runen offenbart, entdeckt oder entwickelt. Und nur der persönliche Zugang zu ihnen kann sie zu wirklichem Leben erwecken! Das ist nicht so banal, wie es vielleicht klingen mag. Denn auch in der praktischen Runenkunde haben wir es immer wieder mit Dogmatikern zu tun, die der irrigen Meinung sind, sie hätten die allein seligmachende Anwendungsmethode gefunden. Lassen Sie sich von solchen Verwaltern der Ohnmacht nicht ins Bockshorn jagen! Schon kurze Praxis wird Ihnen beweisen, daß man Intuition nicht schulen kann, daß man sie nur freilegen muß. Und der Zugang zum Runenwissen ist längst nicht so tief verschüttet, wie wir oft glauben.

So bleibt zum Abschluß dieses Kapitels nur noch die Aufforderung an Sie, sich der Psychologie des Selbstvertrauens zu überantworten. Trauen Sie sich einfach zu, dieses Abenteuer zu wagen und zu bewältigen – die Ergebnisse werden für sich sprechen! Und wenn Sie einmal Zweifel an Ihrer eigenen Kompetenz haben sollten, wenn Sie befürchten, »Fehler« zu machen, dann stellen sie sich selbst unerbittlich immer wieder die alte Frage: »Wer hat denn den ersten Meister zum Meister gemacht?«

Hinter diesem Ansatz steht noch mehr als eine bloße

Weltanschauung oder Überzeugung. Vielmehr zeigt die technische Praxis immer wieder, daß jeder erfahrene Runenmagier früher oder später dazu gezwungen ist, seine *eigene, persönliche* Runenmagie zu entwickeln, auch wenn er früher vielleicht noch so genau den Regeln und Erkenntnissen anderer gefolgt sein mag. Die Runenstellungen (*stödhur*) sind dafür ein gutes Beispiel: Man kann die Runen körperlich stellen und dabei intonieren, doch wird jeder Praktiker mit der Zeit seine eigene, für ihn besonders wirkungsvolle Stellung entwickeln. Das gleiche gilt für Runenhandzeichen und natürlich in besonders hohem Maße für Runenorakel. Der Anfänger verlangt oft nach Regeln, weil er meint, damit sicherer hantieren zu können. Gewiß, ganz ohne Orientierung geht es nicht – dafür haben wir dieses Buch ja auch geschrieben. Aber wenn es auch am Anfang mühsamer erscheinen mag, sich durch das altvertraute Prinzip von Versuch und Irrtum an die Materie heranzutasten anstatt ein vorgefertigtes System zu übernehmen, so wird sich am Ende doch immer wieder herausstellen, daß dies letztlich der kürzere und weniger aufwendige Weg war, der zudem auch der effizientere ist.

Denn die Effizienz ist das einzige Kriterium für jede magische Praxis. Letztlich geht es nicht darum, sich mit Runen, Kabbala oder Planetenritualen herumzuplagen, denn alle diese Werkzeuge können niemals mehr sein als Mittel zum Zweck. Bei Buddha finden wir das Beispiel von einem Mann, der einen reißenden Wildbach überqueren muß, aber nicht schwimmen kann. Also baut er ein Floß, und mit großer Mühe gelingt es ihm, unter tausend Gefahren letztlich unversehrt das andere Ufer zu erreichen. In seiner übergroßen Dankbarkeit aber nimmt der Mann das Floß auf und trägt es für den Rest seines Lebens auf dem Rücken herum. Die Moral von dieser Geschichte lautet: Behandeln Sie ihre Werkzeuge stets mit Respekt und Sorgfalt, aber verwechseln Sie die Landkarte nie mit der Landschaft!

Diese Vorgehensweise entspricht auch dem authentischen schamanischen Ansatz. Anders als der linear und logisch-kausal denkende Mensch der Gegenwart weiß der Schamane, daß es nicht nur eine Wahrheit, nicht nur eine Realität gibt. Ein bekanntes Schamanenmotto lautet: »Was du wahrnimmst, ist auch wahr.« Falsch wäre es freilich, daraus den Schluß zu ziehen, es müsse auch für alle anderen Menschen wahr sein. Das wäre schon wieder die Saat der Intoleranz und der Verfolgung Andersdenkender.

Dem Glauben verhaftet zu bleiben, es könne nur eine alleingültige Wahrheit geben, bedeutet unweigerlich, zugleich innerhalb eben jenes Regel- und Vorschriftengefüges zu verharren, das solche Dinge wie Magie überhaupt erst notwendig macht.

Daraus folgt aber auch, daß die Beschreibungen der einzelnen Runen, mit denen wir uns nun befassen wollen, nur *Annäherungswerte* oder, genauer, *Vorschläge* sein können. Es sind Orientierungshilfen für den Anfang, entwickelt aus der reichen Tradition der esoterischen Runenkunde, nicht mehr, aber auch nicht weniger.

Zögern Sie daher nicht, die für Sie persönlich gültigen, individuellen Bedeutungen der Runen zu ergründen und Überblickstabellen wie die folgende entsprechend zu modifizieren oder sogar zu verwerfen! Es ist wie bei Könnern in jeder beliebigen Disziplin: Sie beherrschen zwar die traditionellen Regeln, halten sich jedoch nicht daran fest und werfen sie jederzeit über Bord, wenn die Praxis dies als das vernünftigste erscheinen läßt.

Begegnen Sie der Tradition also mit Achtung, aber nicht in sklavischer Unterwürfigkeit! Der souveräne Umgang mit dem durchaus realen Wissen der Vergangenheit sollte sich im

Idealfall mit wachem Sinn für die Praxis der Gegenwart verbinden. Mit zunehmender Erfahrung wächst auch das Selbstbewußtsein, wird die Sicherheit zu einem zuverlässigen Partner. Wir werden diese Ermahnung noch öfter wiederholen, denn die Autoritätsgläubigkeit des Menschen wurzelt zu tief, um mit einem Kopfnicken aus der Welt geschafft zu werden.

4
Die Runenreihe des Älteren Futhark

Es ist empfehlenswert, daß Sie den folgenden Abschnitt mehrmals lesen und über die einzelnen Runen in Ihrem eigenen Rhythmus meditieren. Lassen Sie die Aussagen auf sich einwirken, am besten im entspannten Zustand, damit sie in Ihr Unbewußtes einsickern können.

Schauen Sie die entsprechende Rune selbst eine Weile an, ohne dabei an irgend etwas Besonderes zu denken. Lesen Sie anschließend die Runenverse mehrmals laut vor sich hin, wobei Sie möglichst *nicht* über ihre Bedeutung nachdenken sollten. Es handelt sich dabei nicht um Rätselsprüche, die es zu entziffern gilt. Vielmehr sollen Sie die Sprachbilder auf intuitive Weise erfassen. Das wird Ihnen später die praktische Arbeit mit den Runen erheblich erleichtern.

Gehen Sie erst an die praktische Umsetzung, nachdem Sie dies mit allen Runen – möglichst mehrmals – durchgeführt haben.

Es gibt unterschiedliche Runengedichte, in denen die Runen der verschiedenen Futharks meist in Form von Merkversen beschrieben werden. Bei unserer Auswahl stützen wir uns vor allem auf drei Quellen: »Odins Zaubersprüche« in der *Edda*, die sich mit den 16 Runen des Jüngeren Futhark befassen. Tatsächlich gibt es darin aber noch zwei weitere Verse, die in Struktur und Aussage den anderen gleichen und sich daher auch auf Runen zu beziehen scheinen. Aus dieser Überlegung heraus entstand um die Jahrhundertwende das historisch nicht nachgewiesene »Armanen-Futhark« mit seinen 18 Runen.

Ferner berücksichtigen wir das »Altenglische Runengedicht«. Darin werden sämtliche Runen des Älteren Futhark mit seinen 24 Runen behandelt. Ergänzt wird die Betrachtung des Gedichts durch die fünf zusätzlichen Runen des angelsächsischen Futhark.

Eine weitere Quelle ist schließlich das »Altisländische Runengedicht«. Hier werden wiederum nur die 16 Runen des Jüngeren Futhark behandelt.

Die Passagen aus Odins Zaubersprüchen wurden der Übersetzung von Karl Simrock entnommen, die anderen Übersetzungen stammen vom Verfasser.

Die *Impulsworte* dienen der Meditation und können auch bei der Orakelbefragung (vergl. Kapitel 7, S. 122 ff.) herangezogen werden.

Die Rune Fehu

Geld ist ein Trost
für jedermann,
obwohl jeder es
freigiebig verteilen sollte,
wenn er das Wohlwollen des Herrn
erlangen will.

Viehbesitz ist Freude der Menschen jedem,
soll doch der Männer jeder reichlich ihn verteilen,
wenn er will vor den Göttern Ruhm erlosen.

Die bildliche Ableitung

Die Rune Fehu stellt die Hörner des Viehs dar.

Impulsworte

Vieh; Gold; Geld; beweglicher Besitz; bewegliche Macht; Erschaffung; Vernichtung; Fruchtbarkeit; Expansion

*

Als Symbol der beweglichen Macht ist die Rune FEHU für den materiellen Besitz zuständig. Dabei ist das Materielle die

Grundlage des Geistigen (»Erst kommt das Fressen und dann die Moral«, sagt Brecht). Wer es vernachlässigt, handelt sich damit zwangsläufig auch seelische Konsequenzen ein. Die Runenverse raten zur Großzügigkeit im Einklang mit dem eigenen Lebensziel: Integrität und Souveränität in materiellen Dingen und eine den Gegebenheiten adäquate Flexibilität sind stets angezeigt.

Die Rune Uruz

Der Auerochse ist furchtlos
und großgehörnt,
ein sehr wildes Tier,
er kämpft mit seinen Hörnern,
ein berühmter Durchstreifer des Moores,
er ist ein mutiges Tier.

Die bildliche Ableitung

Die Rune Uruz stellt die Hörner des Auerochsen (nach anderer Deutung: fallenden Regen) dar.

Impulsworte

Auerochse/Urrind; Urkraft; Erdkraft; Ursprünglichkeit; Samen; Vitalität; Gesundheit; Verwurzelung; Erdung; Erdopfer

*

Die Rune URUZ verkörpert die Uressenz des persönlichen und überpersönlichen Seins, die Wurzel, auf der unser Leben gründet. Sie ist für die Erdung und den Realismus zuständig, aber auch für die Ent-Täuschung im Sinne einer Beseitigung der vielen Illusionen, mit denen wir uns oft von der Wirklichkeit ablenken. Beharrlichkeit und Mut durch Verbundenheit mit den eigenen Wurzeln führt zu Integrität und Bodenständigkeit. Man muß dem Alten (dem »Urgrund«) mit Respekt begegnen, aber es muß auch mit dem, was am Neuen wertvoll ist, in Einklang verschmolzen werden.

Ein andres weiß ich, des ich bedarf,
meine Feinde zu fesseln.
Die Spitze stumpf ich dem Widersacher;
mich verwunden nicht Waffen noch Listen.

*

Der Dorn ist sehr spitz;
für jeden Edling,
der ihn ergreift; er ist schadenbringend
und außerordentlich grausam
für jeden Mann,
der sich darauf legt.

Die bildliche Ableitung

Hammer, Dorn oder Riese sind die Bilder, für die diese Rune
stehen soll.

Impulsworte

Thor; Macht; Hammer; Dorn; Donner; Riese; Polarität;
Überwindung von Hindernissen; Vernichtung der Feinde

Die »Donnerrune« THURISAZ zeigt den Konflikt an, dem wir uns stellen müssen, wenn er nicht Macht über uns gewinnen soll. Überwindung der Hindernisse erzeugt Fruchtbarkeit und Regeneration. Thurisaz steht aber auch für den »Dorn des Erwachens«: Sie stärkt die Willenskraft und befähigt uns, zielführend und konstruktiv zu handeln. Wer die Konsequenzen seines Tuns überblickt und dafür geradesteht, handhabt damit die *geleistete Macht*. Wer den Gegner in seinem eigenen Inneren bezwungen hat, dem wird er nicht mehr im Außen entgegentreten.

Die Rune Ansuz

Ein viertes weiß ich, wenn der Feind mir schlägt
in Bande die Bogen der Glieder,
sobald ich es dinge, so bin ich ledig,
von den Füßen fällt mir die Fessel,
der Haft von den Händen.

Der Mund ist der Häuptling
aller Sprachen,
der Hüter der Weisheit
und ein Trost der Weisen,
jedem edlen Krieger
Hoffnung und Glück.

Die bildliche Ableitung

Diese Rune ist ein Sinnbild des Windes.

Impulsworte

Odin; göttlicher Odem; Zauber; Ekstase; Schöpfung;
Gesang; Dichtkunst; Inspiration; Weisheit

ANSUZ ist die Rune der Dichtkunst, der Inspiration und der Offenbarung durch Ekstase. Wer des Mets Odins teilhaftig wird, erhält Weisheit und Erkenntnis. Jeder Gesang ist zugleich Beschwörung: die Beschwörung der Freiheit, mit der wir die Ketten unserer Vorurteile und eingefahrenen Denk-, Gefühls- und Verhaltensmuster abstreifen. Die Poesie der Gefühle und des Denkens ist erlernbar, wenn wir bereit sind, uns vom Leben überraschen zu lassen.

Die Rune Raidho

Ein fünftes kann ich: fliegt ein Pfeil gefährlich
übers Heer daher,
wie hurtig er fliege, ich mag ihn hemmen,
erschau ich ihn nur mit der Sehe.

✳

Reiten ist in der Halle
jedem Krieger
ein leichtes, doch sehr schwierig,
für jenen, der
auf einem kräftigen Pferd aufrecht sitzt
auf meilenlangem Wege.

Die bildliche Ableitung

Raidho (verwandt mit »reiten« und »Rad«) ist ein Symbol des Streitwagens.

Impulsworte

Rad; Sonnenrad; Kreislauf der Natur; Entwicklung; Ordnung; Weg zum Ziel; Bewegung; geordneter Rhythmus; kosmische Zyklen

RAIDHO verkörpert die *eingesehene Ordnung*, die Anerkennung des Zusammenspiels zwischen natürlichen Gesetzen und der Dynamik des Rhythmus. Wer sich dieser Erkenntnis verweigert, provoziert engstirnigen Dogmatismus und Entropie. Nur dynamische Lernfähigkeit ermöglicht uns die kraftvolle Handhabung der kosmischen Zyklen und des permanenten Wandels. Das Rad ermächtigt die schnelle Bewegung. Die Rune fordert dazu auf, ein »Reiter auf kräftigem Pferd« zu sein, der in aufrechter Haltung sein Ziel verfolgt und mit Disziplin und Konsequenz beharrlich bleibt, ohne dabei unflexibel zu werden. Allerdings sollte dieser Reiter auch den Weg zum Ziel selbst genießen und achten – wer nur das Ende sieht, verliert den Kontakt zum Hier und Jetzt.

Die Rune Kenaz

Ein sechstes kann ich, so wer mich versehrt
mit harten Wurzeln des Holzes:
den andern allein, der mir es antut,
verzehrt der Zauber.

✳

Die Fackel ist jedem Lebenden
durch ihr Feuer vertraut,
sie ist klar und hell,
sie brennt meistens,
wenn die Gemeinen
im Saale ruhen.

Die bildliche Ableitung

Stichworte, die das Bild der Rune Kenaz wiedergeben, sind:
Flamme, Fackel, beherrschtes Feuer, Verbrennung

Impulsworte

Flamme; Verbrennung; Handlungsvermögen; Opferfeuer;
das innere Feuer; Leidenschaft; Liebeslust; Schwäre; Ent-
zündung

✳

KENAZ ist die Feuer-Rune schlechthin. Sie verkörpert das Mysterium von Leben und Tod, des Feuers der Erneuerung und der schöpferischen Lebensmeisterung. Doch das Feuer bedarf der Beherrschung: Wird es nicht gezügelt, kann es in unkontrollierte Vernichtungslust ausarten. Auf seelischer Ebene entspräche dies einem Selbstzerstörungstrieb. Die Ekstase der Sexualität kann als Tor zu diesem Wissen dienen, wenn sie auf kreative Weise ins Leben integriert wird. Die Vernichtung ruht ebenso im Menschen wie die lebensspendende Wärme, und damit trägt er die totale Verantwortung für sein Tun.

Die Rune Gebo

Ein achtzehntes weiß ich, das ich aber nicht singe
vor Maid noch Mannesweibe,
als allein vor ihr, die mich umarmt,
oder sei es, meiner Schwester.
Besser ist, was einer nur weiß:
es frommt das Lied mir lange.

Das Geschenk ist für jeden Mann
Stolz und Lob,
Hilfe und Edeltum;
und jedem heimatlosen Abenteurer
ist es Gut und Nahrung
jenen, die nichts anderes haben.

Die bildliche Ableitung

Gebo zeigt den Balken beim Hausbau. Weitere Deutungen:
Gabe, Geschenk, Tauschgut

Impulsworte

Geschenk; Tausch; Großzügigkeit; Wechselbeziehung;
Umarmung; Treue; Gefolgschaft; gekreuzte Hände; Vereinigung

GEBO steht für Großzügigkeit und Gastfreundschaft. Wer Freigebigkeit praktiziert, beweist damit, daß er strömen-lassen kann. Durch Schenken und Geben legt er die Bahnen frei, auf denen der Überfluß ins Leben eintreten kann. Darüber hinaus symbolisiert GEBO das Mysterium der sexuellen Vereinigung und der Überwindung der Gegensätze.

Die Rune Wunjo

Freude haben jene,
die nur wenig Sorgen,
Schmerz und Trauer kennen,
und jener, der selbst
Macht und Segen hat,
und ein Haus, das gut genug.

Die bildliche Ableitung

Wunjo zeigt eine stilisierte Fahne oder ein Sippenbanner.

Impulsworte

Wonne; Freude; Vergnügen; Anziehung; Sippe; Geschwisterliebe; Kameradschaft; Wohlwollen; die Vereinigung der Gegensätze

✳

WUNJO ist verwandt mit dem Wort »Wonne«, und so überrascht es nicht, daß diese Rune die heiterste im Futhark ist. Sie verkörpert den Frohsinn, den »frohen Sinn«, der aus der Geborgenheit innerhalb der Sippe oder Gemeinschaft entspringt, aber auch aus der Gelassenheit und dem Unverhaftetsein, das überhaupt keinen Widerspruch zur echten Verwurzelung in der Tradition oder im Heim (dem »Ort des Geheimnisses«, wo nichts Fremdes in Erscheinung treten kann) darstellt. Das ist die »heilige« Freude, denn das Wort *heilig* bedeutet ursprünglich »ganz, vollständig, vollkommen«. Entfremdung von der eigenen Macht, dem persönlichen Arkanum, ist das Produkt eines Mangels. Herz und Hand müssen zusammenarbeiten, und zwar auf der Grundlage gemeinsamer Verbundenheit und Heiterkeit. So wird das Kollektiv zur Kraftquelle anstatt Belastung zu sein.

Die Rune Hagalaz

Ein siebentes weiß ich, wenn hoch der Saale steht
über den Leuten in Lohe,
wie weit sie schon brenne, ich berge ihn noch:
den Zauber weiß ich zu zaubern.

✳

Hagel ist ein kaltes Korn
und ein Graupelschauer
und die Krankheit von Schlangen.

Die bildliche Ableitung

Diese Rune ist das Bild der Schneeflocke und des Hagelkorns, sie symbolisiert das kosmische Eis-Ei und den Ursamen.

Impulsworte

Hagel; Samen; Ei; Urschöpfung; Keimung; Offenbarung; Schutz; Bann; Vollkommenheit; Gleichgewicht der Kräfte; Evolution

HAGALAZ gilt als »Mutter der Runen«, denn aus ihrer Form lassen sich alle anderen Runen ableiten. Die Schöpfung entstand aus der Vereinigung von Feuer und Eis, und Hagalaz

ist ihr Symbol. Als »Hagelrune« ist sie zugleich ein Fluch und ein Segen, keine andere Rune ist so vielseitig in ihrer Macht. Denn zugleich ist sie auch die Glyphe des »All-Geheges« und der Aufgehobenheit im Kosmos mit all seinen Widersprüchen. Sie verkörpert die Vollkommenheit ebenso wie die nach Durchbruch drängende Keimung. Häufig wurde und wird sie als Rune des Schutzes und zum Bannen unerwünschter Kräfte und Mächte verwendet – aber eben auch, um anderen das Leben »zu verhageln«. Sie lehrt uns, daß es nicht damit getan ist, einseitig zu bleiben und nur das vermeintlich »Positive« oder das ebenso trügerische »Negative« zu sehen, denn die Schöpfung steht über den kleinkarierten und verflachenden, pseudomoralischen Normen, mit denen der Mensch so oft versucht, sich in einem als bedrohlich empfundenen Kosmos eine Orientierung zu erwirtschaften.

Die Rune Naudhiz

Ein achtes weiß ich, das allein wäre
nützlich und nötig:
wo unter Helden Hader entbrennt,
da mag ich schnell ihn schlichten.

Not beklemmt die Brust,
wenngleich sie den Menschenkindern dennoch oft
Hilfe und Erlösung wird,
wenn sie sie beizeiten beachten.

Die bildliche Ableitung

Diese Rune ist das Bild der Flut- und Bugwelle. Sie zeigt aber auch einen Feuerbohrer bzw. ein Reibefeuer.

Impulsworte

Flut; Reibefeuer; Schicksal; Not; Mangel; Elend; Zwang; Widerstand; Reibung; Erlösung

NAUDHIZ ist die »Not«-Rune. Sie stellt die Beschränkung dar. Wie der zweite Runenvers zeigt, ist die Not aber oft eine

gute Lehrmeisterin (»Not macht erfinderisch«): Sie schmie-
det Interessengemeinschaften zusammen und bringt den
Menschen dazu, das Letzte aus sich herauszuholen. Ja, man
könnte sogar argumentieren, daß alle Evolution allein aus der
Not geboren wurde. Insofern hat sie trotz ihrer quälenden
Eigenschaften auch den versöhnlicheren Charakter einer
Esse, in der das harte, siegreiche Schwert der Durchsetzungskraft und der Befreiung von der Fremdbestimmung
geschmiedet wird.

Die Rune Isa

I

Ein neuntes weiß ich, wenn Not mir ist
vor der Flut das Fahrzeug zu bergen,
so wend ich den Wind von den Wogen ab
und beschwichtige rings die See.

*

Eis ist sehr kalt
und außerordentlich glatt;
es glitzert, klar wie Glas,
ganz wie Edelsteine,
ein Boden aus Frost
ist schön anzusehen.

Die bildliche Ableitung

Diese Rune ist das Sinnbild des Eises, der Eiszapfen und damit der mythischen Urmaterie.

Impulsworte

Eis; Urmaterie; Ursprung; Urstrom; Stille; Empfang; Bewahrung

*

In der nordischen Mythologie ist das Eis die Urmaterie. Somit stellt die Rune ISA jenes Urprinzip dar, aus dem alles andere entstand. Eis kann sehr schön sein, aber auch trügerisch und tödlich. ISA ist die klassische »Dunkelrune«, die uns zeigt, daß es allein mit dem klischeehaften Streben nach dem Licht nicht getan ist, da der Runenkosmos weder »gut« noch »böse« ist. Nur wer auch die negativen Seiten in seinem Leben integriert, darf hoffen, innere Zusammenhänge wirklich umfassend zu erkennen. Feuer und Eis bilden ein Spannungsfeld, innerhalb dessen alle Schöpfung entsteht. Es wäre Verkennung, würde man das Eis dämonisieren und ignorieren. Denn ohne Schatten könnten wir kein Licht wahrnehmen – und umgekehrt!

Ein zehntes kann ich, wenn Zaunreiterinnen
durch die Lüfte lenken,
so wirk ich, daß sie wirre zerstäuben
und als Gespenster schwinden.

✳

Ernte ist die Hoffnung der Menschen,
wenn Gott,
heiliger König des Himmels,
der Erde gestattet,
ihre strahlenden Früchte zu bescheren
den Edlen und den Bedürftigen.

Die bildliche Ableitung

Diese Rune ist ein Sinnbild für das Sonnenjahr und die Ernte.

Impulsworte

Jahreslauf; Ernte; Fruchtbarkeit; »gute Zeit«; Lebenszyklus;
Harmonie; gesunder Rhythmus

Die Rune JERA ist sprachlich verwandt mit dem Wort »Jahr«. Sie versinnbildlicht den Jahreszyklus der Sonne. Damit steht sie auch für die Macht kosmischer Zyklen, denen alles Leben unterworfen ist. Nach getaner Arbeit ist nun die Zeit gekommen, die Ernte einzubringen. Jetzt heißt es aber auch, Saatgut zurückzulegen und Großzügigkeit walten zu lassen, um den inneren wie den materiellen Reichtum zu mehren. Die »gute Zeit« ist erfüllt von Fröhlichkeit, Dankbarkeit und Überfluß.

Die Rune Eihwaz

Ein sechzehntes kann ich, will ich schöner Maid
in Lieb und Lust mich freuen,
den Willen wandel ich der Weißarmigen,
daß ganz ihr Sinn sich mir gesellt.

✳

Eibe ist von außen
ein rauher Baum
und hart, fest im Boden verankert,
Hüter des Feuers,
von Wurzeln gestützt,
Freude des Anwesens.

Die bildliche Ableitung

Die Rune versinnbildlicht den Weltenbaum oder die Eibe.

Impulsworte

Eibe; Weltenbaum; Weisheit; Ausdauer; Schutz; Vereinigung
von Leben und Tod

✳

Die Rune EIHWAZ ist das Sinnbild der vertikalen Achse des Weltenbaums Yggdrasil. Um dieses ordnende Prinzip rankt sich die gesamte Schöpfung. Die Eibe ist der heilige Baum der Zauberer und Schamanen, denn sie kann den Geist zwar durch ihr Gift betören und täuschen, beschert ihm aber auch Offenbarungen des Überpersönlichen. Ein Baum war es, von dem Odin hing und an dem er die Runen erfuhr. Die Struktur des Runenkosmos ist organisch und auch auf der organischen Ebene erfahrbar, wie der Umgang mit den *stödhur* (s. Kapitel 8, S. 138 ff.) beweist.

Die Losschachtel ist stets
Spiel und Gelächter
unter kühnen Männern,
wo die Krieger
im Biersaal
glücklich beisammen sitzen.

Die bildliche Ableitung

Diese Rune zeigt einen Los- oder Würfelbecher. Zugleich symbolisiert sie auch die Nornen und damit die Macht der Zeit.

Impulsworte

Losbecher; Schicksalsspruch; Zeit; Gleichzeitigkeit allen Geschehens und Seins

Die »Schicksalsrune« PERTHRO verkörpert das Spinnen und Wirken der drei Nornen, die ihrerseits für »Vergangenheit«, »Gegenwart« und »Zukunft« stehen. Nur wer die Macht des Schicksals erspürt, ohne dabei dem bequemen Fatalismus zu verfallen, der ihn der Eigenverantwortung enthebt, bekommt sein Leben tatsächlich in den Griff. Die Zeit mag zwar eine Illusion sein, ein Produkt menschlicher Verkennung, doch bleibt sie so lange äußerst real, wie man sich in ihr bewegt und an ihren oft sehr strengen Zäsuren teilhat. Tatsächlich aber findet alles »Schicksal« im Runenkosmos immer nur gleichzeitig statt. Wer die ihm gegebene Zeit kompromißlos nutzt, wer das Beste aus seinem Schicksal macht, der wird den Göttern gleich und wächst zum freien Herrn über sein eigenes Leben.

Die Rune Elhaz

Ein fünfzehntes kann ich, das Volkrötir, der Zwerg,
vor Dellungs Schwelle sang;
den Asen Stärke, den Alben Gedeihn,
Hohe Weisheit dem Hroptatyr.

*

Des Elchs Riedgras hat seine Heimat
meistens im Sumpf,
es wächst im Wasser
und verwundet grimmig
und rötet (»brennt«) mit Blut
jeden Mann,
der auf beliebige Weise
versucht es zu greifen.

Die bildliche Ableitung

Verschiedene Bilddeutungen dieser Rune: Elchgeweih; Wurzeln und das Astwerk des Baums; fliegender Schwan.

Impulsworte

Elch; Schutz; Lebenskraft; Glück; Kraft; Erhabenheit; Kontakt zum Überpersönlichen

Die Rune ELHAZ symbolisiert die Lebenskraft und die Erneuerung, verkörpert im mystischen Elch, dessen Geweih Glück bringt und von Erhabenheit kündet. Überpersönliche Energien werden zur Quelle individuellen Durchsetzungs- und Gestaltungsvermögens. Gleichzeitig wird das Alltags-Ich überwunden, und der Kontakt zum kollektiven Unbe-wußten beschert tiefe Einsichten in kosmische Zusammen-hänge.

Die Rune Sowilo

Ein elftes kann ich, wenn ich zum Angriff soll
die treuen Freunde führen,
in den Schild sing ich's, so ziehen sie siegreich,
heil in den Kampf, heil aus dem Kampf,
bleiben heil, wohin sie ziehn.

Die Sonne wird von Seeleuten
stets erhofft,
wenn sie weit hinausfahren
über's Bad der Fische,
bis sie den Wogenhengst
an Land bringen.

Die bildliche Ableitung

Diese Rune zeigt die Sonne bzw. das Sonnenrad.

Impulsworte

Sonne; Wille; Lebenskraft; Sieg; Ehre; Erfolg; Hoffnung

Die Rune SOWILO symbolisiert das im nordischen Kosmos als *weiblich* gesehene Sonnenprinzip. Das stete Strömen der Kräfte wird im Sonnenrad verkörpert, denn die Sonne herrscht über Tag und Nacht, sie ist der Zeitgeber und bestimmt über Wohl und Wehe der Ernten. Die unerschöpfliche Sonnenkraft ist zugleich kompromißlos in ihrer Zielstrebigkeit und warmherzig in ihrer Milde und Versöhnlichkeit. Großzügigkeit soll sich mit Entschiedenheit paaren, Wille und Tatkraft werden gestählt, doch muß dabei die Grausamkeit vermieden werden. Die Einheit mit dem eigenen Willen ist der Schlüssel zum Erfolg.

Die Rune Tiwaz

Ein zwölftes kann ich, wo am Zweige hängt
vom Strang erstickt ein Toter,
wie ich ritze das Runenzeichen,
so kommt der Mann und spricht mit mir.

Tir ist ein Stern,
von Treue
den Edlingen,
stets auf seiner Bahn
über den Nebeln der Nacht,
trügt er nie.

Die bildliche Ableitung

Diese Rune zeigt das Himmelsdach. Nach anderer Deutung steht sie für einen Stern oder eine Speerspitze.

Impulsworte

Týr; Recht; Gesetz; Gerechtigkeit; Ordnung; gerechter Sieg; Selbstaufopferung

Die gängigste Deutung sieht in der Rune TIWAZ das Himmelsdach, das von der Weltensäule Irminsul abgestützt wird, wodurch die Energien von Himmel und Erde im Gleichgewicht gehalten werden. Týr ist aber auch der alte nordische Kriegsgott. Somit steht die Rune für Sieg und Gerechtigkeit. Sie zeigt den Konflikt mit den Widrigkeiten des Daseins an, die nur im »gerechten Kampf« gemeistert werden können. Mühe und Treue gehen Hand in Hand, um diese Aufgabe zu meistern. Ordnung und Gerechtigkeit werden siegen, wenn der Mensch zur Selbstaufopferung im Interesse seiner Sippe oder Interessengemeinschaft fähig ist und »gerecht« handelt, also in Übereinstimmung mit seinen eigenen Prinzipien.

Ein dreizehntes kann ich, soll ich ein Degenkind
mit Wasser bewerfen,
so mag er nicht fallen im Volksgefecht,
kein Schwert mag ihn versehren.

Die Birke ist ohne Frucht,
dennoch trägt sie
Glieder ohne fruchtbaren Samen;
sie hat schöne Äste,
hoch auf ihrem Wipfel
ist sie prachtvoll bedeckt,
beladen mit Blättern,
den Himmel berührend.

Die bildliche Ableitung

Die Rune zeigt die heilige Birke und die Brüste der Erdmutter.

Impulsworte

Birke; Brüste; Erdmutter; Mutterschaft; Frieden; Fruchtbarkeit; Empfangen; das Bergende; Geborgenheit; Behausung

Die Rune BERKANO stellt die schamanische Birke dar, die wiederum ein Symbol des weiblichen Prinzips und der Urerdmutter ist. Die Täuschung wird nur durchschaut, wenn wir – ob als Frau oder als Mann – die Weiblichkeit in unserem Inneren wahrnehmen und wahr werden lassen. Die Fähigkeit zum Empfangen, zum Annehmen ist die Voraussetzung, um Geborgenheit, Fruchtbarkeit und intuitive Kreativität zu erreichen. Dies muß allerdings ohne jede Sentimentalität geschehen, und überflüssiger Ballast muß rücksichtslos abgeworfen werden.

Die Rune Ehwaz

Das Pferd ist für die Krieger
der Helden Gesippe,
ein Stürmer, stolz zu Hufe.
Darüber die Recken
auf Kriegsrössern
Rede wechseln,
und stets ist es ein Trost
den Rastlosen.

Die bildliche Ableitung

Die Rune zeigt Sleipnir, das achtbeinige Luftroß Odins.

Impulsworte

Pferd; Reiten; Bewegung; Zwillinge; Teamarbeit; Symbiose;
Fruchtbarkeit; Frieden; Schutz; Vertrauen; Treue

Die »Zwillings-Rune« EHWAZ ist ein Sinnbild für die durch
Geschicklichkeit herbeigeführte oder auf natürliche Weise
entstandene Symbiose zwischen den beiden grundverschie-
denen Kräften Mensch und Pferd. Wer das andere integriert,
anstatt es zu mißachten, erreicht eine für beide Seiten fruchtbare Zusammenarbeit. Nur zusammen sind Pferd und Reiter

stark, schnell und zielgerichtet. Grundlage einer solchen Beziehung aber sind Treue, Verläßlichkeit und Gegenseitigkeit. So wird aus Fremden ein Team, Vertrauen und Fürsorge erschaffen etwas, das größer ist als die Summe seiner Teile. Der Frieden entsteht nicht durch Leugnen der Widersprüche, sondern durch ihre konstruktive Würdigung und Berücksichtigung: Jeder schützt den anderen auf seine Weise und gewinnt dadurch mehr, als wenn er nur für sich allein handelte.

Der Mann/Mensch ist in seiner Freude
seiner Sippschaft lieb;
auch wenn beide
voneinander scheiden werden;
denn der Herr will
durch sein Gebot
dies schwache Fleisch
der Erde übergeben.

Die bildliche Ableitung

Die Rune zeigt einen Mann bzw. Menschen mit im Nacken verschränkten Armen, was die Vermählung von Himmel und Erde symbolisiert.

Impulsworte

Mensch; Menschheit; Menschlichkeit; Sippe; soziale Ordnung

✳

Die »Menschen-Rune« MANNAZ steht wie EHWAZ für die Vereinigung der Gegensätze in einer dynamischen Gegenseitigkeit. Doch findet diese Vereinigung hier im Intuitiven und Unterschwelligen statt, eingebettet in die soziale Ordnung der Sippe als Ganzes. Sie ist das Tor zum »alten Wissen«

früherer Zeiten, das durch »Erberinnerung« wieder erweckt werden kann. Als Spiegelrune dient sie dem Menschen, in die Tiefen seines eigenen Wesens zu spähen und zu dem zu werden, der er ist. Die Erkenntnis subtiler, subjektiver Zusammenhänge ist eine Voraussetzung für zielgerichtetes Handeln und Bemeisterung des Schicksals.

Die Rune Laguz

Ein vierzehntes kann ich, soll ich des Volkes Schar
der Götter Namen nennen,
Asen und Alben kenn ich allzumal;
wenige sind so weise.

✳

Wasser erscheint den Menschen
endlos,
wenn sie sich hinauswagen
auf unsicherem Schiff
und die Meereswogen
sie sehr erschrecken
und der Wogenhengst
seinem Zaume nicht gehorcht.

Die bildliche Ableitung

Die Rune symbolisiert ein Gewässer, nach anderer Deutung
einen Lauchstengel.

Impulsworte

Urwasser; Gesetz; Ursprung; Wachstum; Leben; Vitalkraft;
Tugend; strenge Prüfung

Die Rune LAGUZ steht für das kosmische Urwasser und ist das Tor zum Verborgenen. Diese Kräfte und Mächte wirken auch im Alltag, ohne daß wir dies immer bemerken. Durch diese Rune werden die Tiefen der Seele offenbar – in all ihrer Schönheit, aber auch in ihrer Schrecklichkeit. In Zeiten der Prüfung offenbart sich das wirkliche Durchhaltevermögen und die Stabilität eines Menschen. Das Wort *Tugend*, das mit dieser Rune in engem Zusammenhang steht, bezeichnet ursprünglich »Tauglichkeit« und »Kraft«. Selbstzucht und Beharrlichkeit in gelassener Heiterkeit und Zuversicht sind die Schlüssel zum Gelingen. Die Gesetze des Ursprungs wollen erkannt, aber auch angewandt werden.

Die Rune Ingwaz

Ing war der Erste
unter den Ostdänen,
geschaut von Männern
bis er wieder ostwärts
ging über die Woge;
sein Wagen folgte nach;
so nannten die Hardingen
den Helden.

Die bildliche Ableitung

Die Rune ist das Zeichen des Erdgottes Ing.

Impulsworte

Ing; Held; Gärung; Einsamkeit; Geduld; Ruhe

Die Rune INGWAZ ist das Zeichen des Inguaz oder Ing, einer historischen Gestalt, die später zur Erdgottheit erhoben wurde. Somit steht sie für die Ruhe und die Ausgeglichenheit des Erdelements. In Zeiten der Ruhe kann sich die fruchtbringende Gärung vollziehen, sofern der Mensch genügend Geduld aufbringt und sich nicht in Hektik und Zersplitterung seiner Kräfte verzettelt. Einsamkeit ist angezeigt, aber das ist nicht dasselbe wie Weltflucht und Abkapselung. Denn dieses Zurückgezogensein soll empfänglich für alles bleiben, was zielführend ist. Das Lauschen nach innen verbindet sich mit Offenheit für neue Einsichten und Anstöße nach außen, ohne deshalb unmittelbar an ihnen beteiligt zu sein. Das Aufnehmen und Verarbeiten muß allerdings dynamisch geschehen, sonst wird aus Gärung Fäulnis.

Die Rune Dagaz

Der Tag ist der Botschafter des Kosmischen,
teuer den Menschen,
des Göttlichen Licht;
Freude und Hoffnung
für Arm und Reich,
allen nützlich.

Die bildliche Ableitung

Diese Rune versinnbildlicht den Tag, das Tageslicht und den Tagstern (Morgen- und Abendstern).

Impulsworte

Tag; Tageslicht; Tagesstern; Zwielicht; Grauzone; Ritual-feuer

✳

Die Rune DAGAZ steht für den »Tagesstern« (Morgen- und Abendstern), ein Symbol der Erkenntnis und Erleuchtung. Noch befindet sich der Mensch in der Grauzone des Zwie-lichts: Es gilt, die Polaritäten von Licht und Dunkelheit in ihrem wahren Wesen zu erkennen, ihr Zusammenspiel zur Verwendung zu führen durch Empfänglichkeit und Beschei-denheit. Dann rücken scheinbar unüberwindbare, alles »erschlagende« Schwierigkeiten und Probleme des Alltags in den Hintergrund und werden auf ihre ihnen zustehende, wirkliche Größe zurechtgestutzt – nicht durch Leugnen und Ignorieren, sondern durch Betrachtung im Zusammenhang mit übergeordneten Strukturen und Zielen. Kurzsichtigkeit, Selbstsucht und Verblendung müssen der Entfaltung der Sonnenkraft weichen, deren Künderin diese Rune ist.

Das Gut ist sehr teuer
jedem Manne,
wenn er genießen kann, was recht ist
und der Sitte entsprechend
in seinem Heim,
am meisten im Wohlstand.

Die bildliche Ableitung

Die Rune ist das Sinnbild des Besitzes, des Heims, der Heimat und des rechtmäßigen Erbes.

Impulsworte

ererbter Besitz; Grund und Boden; Heimat; Heimstatt; Hort; (kollektiver) Wohlstand; Verwurzelung; Bodenständigkeit; Befestigung; Gesetz und Freiheit; Sippe

Mit der Rune OTHALA scheint das Ältere Futhark einen Bogen geschlagen zu haben und dort zu enden, wo es mit FEHU begann: beim materiellen Besitz. Doch wo FEHU die beweglichen Güter, besonders das Vieh, meint, steht OTHALA für alles, was unter den Begriffen »ererbter Grundbesitz« und »Sippe« zusammengefaßt wird. Dies ist die

»Heimatrune« schlechthin. Sie verkörpert das Einssein mit den materiellen und geistigen Wurzeln, die »Schollenverbundenheit« im besten, unsentimentalen Sinne. Der Mißbrauch dieser Rune durch den Nationalsozialismus zur Begründung der »Blut und Boden«-Ideologie, der Forderung nach »Lebensraum im Osten«, »Wehrbauerntum« und »Rassenzucht« offenbart die Gefahren, die eine Mißachtung dieses Prinzips heraufbeschwört. Doch die Verbindung zu den wahren Ahnen ist nie abgerissen, wir brauchen sie nur zu reaktivieren.

5
Magische Runenarbeit

Es gibt verschiedene Trägermedien für Runen. Sie können sie in Holzscheiben ritzen, in Stein hauen, auf Leder und Stoff malen, und so weiter. Manche moderne Runenmagier verwenden auch Runenkarten aus Pappe. Die meisten jedoch malen die Runen auf flache Kiesel, wobei man in der Regel einer roten Farbe den Vorzug gibt. Im Handel gibt es inzwischen verschiedene Runensets zu kaufen, doch wird Ihnen jeder Praktiker dazu raten, Ihre Runensteine selbst herzustellen. Wenn Sie dies sorgfältig und konzentriert tun, wird auch jede »Runenweihe« überflüssig sein. Natürlich können Sie eine solche zur Feier der Fertigstellung Ihres Satzes aus Runensteinen dennoch durchführen.

Es ist auch keineswegs so, als würde ein richtiger Runenmagier sich sämtliche Runen auf einmal anfertigen. Ja, früher war es sogar üblich, daß der Runenmagier beim Runenorakel für jede Befragung einen eigenen Satz Runen schnitzte. Diese wurden dann nach der Weissagung verbrannt. Ein solches Vorgehen hat den Vorteil, daß man die Runen achtet und nicht wegen jeder lapidaren Kleinigkeit belästigt. Andererseits argumentieren viele Runenmagier zu Recht, daß die Steine oder Stäbe durch häufigen Gebrauch an magischer Kraft gewinnen können. Tiefenpsychologisch könnte man argumentieren, daß das Unbewußte mit ihrem Gebrauch vertrauter wird und die Handhabung erleichtert.

Vor Jahren kannte ich einen deutschen Runenmagier, der sich seinen Runensatz in jahrelanger Arbeit zusammenstellte. Er schnitt die Runen grundsätzlich von einem lebenden Baum und verwendete nur Zweige, die ganz genau der gesuchten Runenform entsprachen. Außerdem durfte er jeden Monat nur eine einzige Rune schneiden, wozu ein vollständiges Ritual gehörte. Erst nach zwei Jahren hatte er seinen fertigen Satz beisammen. Für die meisten Menschen mag dies wahrscheinlich viel zu aufwendig erscheinen. Andererseits bedingt diese ungeheure Intensität natürlich eine ebenso große, tiefe und wirkungsvolle Beziehung zu den Runen.

Für welche Methode Sie sich auch entscheiden mögen, es bedarf wohl keiner besonderen Erwähnung, daß Sie sorgsam und respektvoll mit den Runen umgehen sollen. Denken Sie daran, daß es sich dabei um Tore zur Anderswelt handelt, für die die stofflichen Runensteine oder -stäbe gewissermaßen die »Türklinken« darstellen.

In der Regel werden Runensteine oder -stäbe in einem Beutel aufbewahrt, zu dem kein Unbefugter Zugang haben sollte. Sie sind bereits an sich schon Talismane, doch wollen wir nun ein wenig mehr auf die Frage eingehen, was es mit Talismanen und Amuletten überhaupt auf sich hat.

Die bisherigen Runenfunde belegen, daß die Talismantik im Leben unserer Vorfahren eine herausragende Rolle spielte. Das Wort Talisman leitet sich vom griechischen *telesma* ab, mit dem man einen »magisch wirksamen Gegenstand« bezeichnet. Grundsätzlich unterscheidet man zwischen Talismanen und Amuletten dergestalt, daß Talismane *für* etwas magisch geladen werden, Amulette jedoch *gegen* etwas. Man kann auf diese Weise ein und dieselbe Sache unterschiedlich angehen. So könnten Sie etwa einen Talisman *für* Gesundheit, aber ein Amulett *gegen* Krankheit herstellen. Für den eigentlichen Ladevorgang spielt das keine Rolle, da man bei beidem gleich verfährt. Voraussetzung für die Ladung eines Talismans oder Amuletts ist natürlich die *Zielvorgabe*. Sie sollten das Ziel möglichst *treffend* formulieren, dabei andererseits aber Überpräzision vermeiden. Denn die archetypische Welt kennt unsere Stoppuhren und Koordinatensysteme nicht. Sie lebt und wirkt vielmehr durch Bilder, und die sind immer ein wenig »unscharf«. Es ist also prinzipiell leichter, einen erfolgreichen Runentalisman »für Reichtum« anzufertigen, als beispielsweise dafür, daß Sie am 15.3. in der Lotterie die Summe von DM 15 000,43 gewinnen. Gewiß, dieses Beispiel ist etwas übertrieben, veranschaulicht aber, wie wir mit der Symbol-Logik der Bilder am besten umgehen sollten.

Andererseits darf die Formulierung auch nicht zu vage sein. Talismane »für Glück« mögen vielleicht sogar wirken, doch hätten wir Schwierigkeiten, diese Wirkung überhaupt zu bemerken. Wenn Sie erst etwas Erfahrung gesammelt haben, wird Ihnen die Runentalismantik leicht von der Hand gehen. Vermeiden Sie aber auch Negativformulierungen bei der Zielvorgabe. Sagen Sie also beispielsweise nicht: »Ich will nicht krank werden«, formulieren Sie statt dessen lieber: »Ich bin vor Krankheiten geschützt.«

Erst nachdem Sie Ihren Willenssatz formuliert haben, gehen Sie daran, ihn in die Runensprache zu übersetzen. Es versteht sich, daß Sie dafür bereits einige Erfahrung mit den Runen haben müssen. Am Anfang werden Sie sicherlich die im vorigen Kapitel aufgeführte Liste bemühen. Mit der Zeit werden Sie diese Liste ergänzen oder verändern, bis Sie schließlich in Runendingen voll in Ihrem eigenen Element sind. Dann brauchen Sie derlei Gedächtnisstützen auch nicht mehr.

Anhand eines Beispiels wollen wir dies nun erläutern.

Angenommen, Sie möchten Ihre materielle Situation erheblich verbessern. Nach einiger Überlegung gelangen Sie zu folgender Formulierung: »Ich will in diesem Jahr meinen Reichtum und Besitz mehren.« Wenden Sie jetzt nicht ein, das sei zu vage. Denken Sie an die Regel, daß die Formulierung nicht überpräzise sein sollte.

Als nächstes versuchen Sie, diese Formulierung in Runen zu »übersetzen«. In der Liste können Sie lesen, daß die Rune FEHU für Besitz, Gold und Geld zuständig ist, ebenfalls für Fruchtbarkeit und Mehrung. Damit hätten Sie den ersten Teil bereits bewältigt. Da Sie aber auch ein Zeitlimit gesetzt haben, nämlich den Jahreslauf, nehmen Sie noch die Rune JERA hinzu. Das würde an sich schon genügen. Möchten Sie dem ganzen aber vielleicht noch etwas mehr Wucht und Schubkraft verleihen, könnten Sie beispielsweise als drittes die Rune SOWILO dazunehmen.

Sie erkennen bereits, daß der Umgang mit den Runen eine gewisse Kombinationsfähigkeit verlangt. Außerdem sollten Sie flexibel denken und die Runen gründlich kennen. Spekulieren Sie beispielsweise auf eine Erbschaft, wäre anstelle der Rune FEHU wohl eher die Rune OTHALA zuständig. Es ist aber auch durchaus möglich, daß Sie im Laufe Ihrer Runenarbeit zu ganz anderen Zuordnungen oder Gewichtungen gelangen. Wenn beispielsweise materieller Besitz und Finanzkraft für Sie etwas mit Verwurzelung und Bodenständigkeit zu tun hat, käme vielleicht die Rune URUZ in Frage, während Glücksspielgewinne eher mit Hilfe der Rune RAIDHO zu beeinflussen wären. Haben Sie es auf ein großzügiges Geldgeschenk abgesehen, werden Sie der Rune GEBO den Vorrang geben, usw.

Zur Fertigung eines entsprechenden Talismans besorgen Sie sich ein Stück Holz (früher wurde mit Vorliebe Eibe verwendet, doch steht diese heute unter Naturschutz). Das kann ein fingerdicker Ast sein oder auch eine Holzscheibe von beliebigem, aber nicht zu kleinem Durchmesser. Selbstverständlich können Sie auch andere Materialien wie Stoff, Leder, Rinde usw. verwenden. Angenommen, Sie benutzen Holz. Nehmen Sie sich für die Ladung des Talismans genügend Zeit. Eine Stunde dürfte in der Regel genügen.

Es ist üblich und ratsam, sich vor runenmagischen Operationen einer feierlichen Waschung zu unterziehen, während derer Sie sich auf das Vorhaben konzentrieren. Diese Reinigung ist ein symbolischer Akt, mit dessen Hilfe Sie alles, was Sie an Ihrer runenmagischen Operation hindern könnte, von sich ablegen, also auch Alltagsgedanken, Sorgen, Probleme, Ängste und Zweifel. Am besten sollten Sie in einem Zustand »heiterer Gelassenheit« handeln, vermeiden Sie also jede Verkrampftheit, denn diese wird Ihrem Vorhaben nur abträglich sein.

Ganz traditionelle Runenmagier benutzen für ihre Magie ein eigenes Gewand, meist aus weißem Leinen, das in der Regel die Form einer Kutte mit Kapuze hat. Das ist aber nicht unbedingt erforderlich. Dennoch könnte es wirkungsvoll sein, wenn Sie eigens für Ihre runenmagischen Vorhaben besondere Kleidung beiseite legen, die Sie auch ausschließlich zu diesem Zweck verwenden. Psychologisch betrachtet bedeutet das, daß Sie dem ganzen Vorgehen eine eigene Energie und Kraft vermitteln, ungehindert von den alltäglichen Vergeblichkeiten, mit denen wir uns als Mensch ständig herumplagen müssen. Kurzum, Sie nehmen dadurch schon rein äußerlich die Rolle des Runenmagiers oder der Runenmagierin an. Magie ist auch immer ein Stück »Seelentheater«, und der Schlüssel zu ihrer Wirksamkeit liegt im veränderten Bewußtseinszustand.

Sie können grundsätzlich im Freien oder auch im Zimmer arbeiten. Auf jeden Fall aber sollten Sie dabei völlig ungestört bleiben. Es wird im Schutzkreis gearbeitet. Dieser sollte so umfangreich sein, daß Sie ihn mit ausgestrecktem Arm bequem von innen abgehen können. In der Mitte des Kreises steht meistens ein »Altar«, das kann ein kleines Tischchen oder eine Kommode sein, im Freien ein größerer Felsbrocken o. ä. Auf diesem Altar legen Sie alles aus, was Sie für die Ladung Ihres Talismans benötigen: das Holz, ein spitzes Messer zum Ritzen (Sie können auch ein Schnitzmesser verwenden), etwas Zinnober-Farbe und einen Stift oder Pinsel, um sie aufzutragen.

Sie können den Schutzkreis imaginieren oder ihn zur Unterstützung auch auf den Boden malen (zum Beispiel mit Kreide), ihn ins Erdreich ritzen, mit einem Strick auslegen o. ä. Der Kreis darf während der gesamten Operation nicht mehr verlassen werden. Er stellt für die Dauer des magischen Akts Ihre Mitte, Ihr Universum dar, dessen Zentrum Sie sind. Ihn vorzeitig zu verlassen würde bedeuten, daß Sie sich aus Ihrer Mitte reißen lassen, was natürlich jeder Runenmagie abträglich wäre.

Nachdem alles vorbereitet ist, stellen Sie sich mit dem Gesicht nach Norden auf. Natürlich können Sie auch eine andere Himmelsrichtung wählen, aber für Runenmagier ist Norden nun einmal die überlieferte Anfangsposition. Denn dort sind die beiden Urelemente Eis und Erde zu Hause, aus denen der Mythologie zufolge alles entspringt.

Schließen Sie nun die Augen, atmen Sie mehrere Male tief durch, und denken Sie dann (wie gesagt: im Zustand heiterer Gelassenheit) an Ihr magisches Ziel. Es ist wichtig, daß Sie an diesem Punkt in keinerlei Weise aufgeregt oder gar ängstlich sind! Strecken Sie nun den Arm aus, und schreiten Sie den Kreis von innen im Uhrzeigersinn mit gestrecktem Arm ab. Tun Sie dies in gemessenem Tempo, und stellen Sie sich dabei vor, wie sich der schützende Kreis um Sie herum aufbaut. Wenn Sie wollen, können Sie dabei auch eine passende

Sprechformel verwenden, beispielsweise: »Wall aus Kristall – allüberall!«

Besser wäre es allerdings, eine eigene Formulierung zu benutzen. Sie können natürlich auch Schutzrunen dazu hernehmen. Diese würden dann beim Abschreiten des Kreises, das bei beispielsweise drei Runen auch dreimal geschehen kann, halblaut intoniert. (Näheres zur Intonation und zum Stellen der Runen finden Sie im letzten Kapitel »Runentherapie«, vgl. S. 138ff.). Stellen Sie selbst fest, welche Runen dafür am besten geeignet sind – Sie haben inzwischen gesehen, daß dies sehr individuell bestimmt werden muß. Natürlich können Sie auch eine Weile mit verschiedenen Möglichkeiten experimentieren, bis Sie das Gefühl (oder, genauer, die sichere Intuition) haben, das Gesuchte gefunden zu haben.

Sie brauchen den fertigen Kreis nicht unbedingt zu »sehen«, es genügt, wenn Sie das »Gefühl« haben, daß er lückenlos steht. Ist dies abgeschlossen, senken Sie den Arm und stellen sich vor dem Altar auf. Nun stellen und intonieren Sie die erste Rune, in unserem Beispiel also FEHU. (Genauere Anleitungen dazu im letzten Kapitel »Runentherapie«, vgl. S. 138ff.). Tun Sie dies dreimal. Nun ritzen Sie die Rune mit der Spitze des Messers in das Holz. Dabei denken Sie nun nicht mehr an Ihr magisches Ziel, sondern intonieren ununterbrochen die Rune selbst. Nun tun Sie das gleiche mit der zweiten und schließlich mit der dritten Rune. Als nächstes färben Sie alle drei Runen mit der bereitstehenden Zinnober-Farbe. Auch dabei intonieren Sie jeweils die gerade aktuelle Rune.

Schließlich intonieren Sie nach dem Färben alle drei Runen je einmal hintereinander.

Mit geschlossenen Augen aufrecht stehend, lassen Sie die Wirkung noch ein wenig innerlich nachhallen. Dann verfahren sie in umgekehrter Reihenfolge wie am Anfang: Im

Norden stehend, strecken Sie den Arm aus, um nun den Kreis gegen den Uhrzeigersinn abzuschreiten und imaginativ aufzulösen. Am Ende, wieder im Norden stehend, sprechen Sie einen Satz der Entlassung. Beispielsweise: »Hiermit löse ich alle Energien und Wesen, die durch mein magisches Tun gebannt wurden.« (Auch hier ist es wieder vorzuziehen, eine eigene Formulierung zu verwenden.)

Letzterer Punkt ist von großer Bedeutung, weil Sie damit gewissermaßen »magische Entsorgung« betreiben – wird diese unterlassen, könnte es zu unangenehmen Nachwirkungen führen, von Alpträumen bis zu regelrechten Besessenheitserscheinungen.

Um das zu verstehen, müssen wir uns vor Augen halten, daß unser Unbewußtes in Bildern und Symbolen denkt. Diese besitzen ihre eigene innere Logik, die besagt, daß ein magischer Akt (also einer, bei dem eine direkte Beziehung zwischen Bewußtsein und Unbewußtem hergestellt wird) nicht nur durch eine bestimmte Geste eingeleitet, sondern durch eine vergleichbare Geste auch beendet werden muß – sonst ist er nicht abgeschlossen, und die aktivierten oder freigesetzten Kräfte können zu unvorhersehbaren Ergebnissen führen.

Das oben geschilderte Vorgehen ist nur ein Grundgerüst, das Sie im Laufe der Zeit beliebig verändern oder ergänzen können. Allerdings empfiehlt es sich, den Schutzkreis stets auf die gleiche Weise herzustellen und nach getaner Arbeit wieder aufzuheben: Das verleiht Ihrem Tun eine gewisse Konstanz, und der Schutzritus gewinnt durch Wiederholung an Kraft und Wirkung.

Nun können Sie den Talisman verwenden, beispielsweise indem Sie ihn, an einer Kette befestigt, am Hals tragen. Dabei ist es hilfreich, ihn gelegentlich anzufassen und innerlich die verwendeten Runen zu intonieren. Das kann also auch ganz unauffällig in Gesellschaft anderer geschehen, ohne deren Neugier zu erwecken. Eine andere Schule der Magie allerdings vertritt die Auffassung, daß es besser sei, Talismane und Amulette nach ihrer Ladung aus dem sensorischen Wahrnehmungsfeld zu entfernen, sie also beispielsweise an einem zugriffssicheren Ort zu verstauen und sie erst wieder hervorzuholen, nachdem der gewünschte Effekt erzielt wurde. Am besten experimentieren Sie selbst mit beiden Methoden und stellen fest, was sich für Sie am besten zu eignen scheint. Das kann nämlich von Runenmagier zu Runenmagier sehr unterschiedlich sein. Sie können den Talisman auch, wenn Sie ihn als Hals tragen wollen, vorher in ein etwas unauffälligeres Stück Stoff einnähen o. ä., um neugierigen Fragen vorzubeugen.

Selbstverständlich ist es auch möglich, die Runen in einen Fingerring einzugravieren, entsprechende Gravurstifte (auch elektrische) bekommen Sie in Bastelgeschäften. Ist der gewünschte Effekt eingetreten, gilt der Talisman fortan als »entladen«. Nun können Sie ihn feierlich verbrennen, vergraben oder dem Wasserelement überantworten.

Für den Anfänger ist es sicherlich leichter, wenn er zunächst mit einer einzigen Rune beginnt. Das erleichtert den Überblick und vermittelt größere Sicherheit im Handeln. Der Fortgeschrittene dagegen wird sich nicht mehr mit Einzelrunen begnügen, er wird statt dessen daraus Binderunen (s. Abb. 4, S. 19) herstellen wollen, die ein differenziertes magisches Vorgehen ermöglichen. Binderunen finden sich, wie bereits erwähnt, schon in den frühesten Runendokumenten. Ihr Einsatz verlangt allerdings ein gründliches praktisches Wissen um die Runen, also viel Erfahrung, um auch tatsächlich brauchbare Kombinationen herzustellen. Grundsätzlich gilt, daß Binderunen eine intensivere Mischung aus Runenkräften bedeuten, als die Verwendung mehrerer Einzelrunen.

Allerdings muß man dabei auch darauf achten, daß die Runen einander nicht widersprechen oder »bekriegen«. So könnte beispielsweise eine Verschmelzung der Feuer-Rune Kenaz mit der Eis-Rune Isa sehr problematisch werden. Das schließt nicht unbedingt aus, daß solche Kombinationen möglich sind, doch würde es hier zu weit führen, derlei Spezialprobleme in aller Ausführlichkeit zu erläutern. Halten wir daher fest, daß eine derartige Kombinatorik durch Praxis gelernt sein will.

Das soll Sie jedoch nicht daran hindern, nach Herzenslust zu experimentieren und selbst festzustellen, welche Verwendungen sich als besonders wirkungsvoll erweisen und welche weniger erfolgversprechend sind. Diese Mühe kann Ihnen leider kein Buch und auch kein Lehrer abnehmen, haben Sie sich ihr aber erst einmal unterzogen, wird der Lohn um so größer sein.

Runen und Erfolgsmagie

Unter Erfolgsmagie versteht man die Kunst, mit Hilfe magischer Operationen Ereignisse zu bewirken oder zu verhindern, die meist auf der Alltagsebene von Relevanz sind. Damit unterscheidet sie sich nach herkömmlicher Definition von der sogenannten »hohen Magie«, die letztlich eine mystische Disziplin ist und hier im nächsten Kapitel behandelt werden soll (vgl. S. 109 ff.). Unser Talismanbeispiel weiter oben läßt sich auch der Erfolgsmagie zurechnen. Wir können mit Sicherheit davon ausgehen, daß die Erfolgsmagie die älteste Form magischen Handelns ist. Denn höchstwahrscheinlich leitet sich alle Magie vom urzeitlichen Jagdzauber ab, mit dem der Zauberer-Jäger dafür sorgen mußte, daß genügend Nahrung für ihn und seinen Stamm herbeigeschafft wurde. Das war sicherlich sehr viel schwieriger, als wir es uns heute vorstellen: Nach zuverlässigen Schätzungen dürfte es beispielsweise in der Steinzeit weltweit kaum mehr als eine Million Menschen gegeben haben. Diese waren in kleine Sippen zersplittert, oft waren es Kollektive von höchstens ein bis zwei Dutzend Mitgliedern. Diese zogen nomadisierend durch riesige Landstriche, in denen es durchaus vorkommen konnte, daß man in jahrelanger Wanderschaft keinem einzigen Stück Wild begegnete. Deshalb war es lebensnotwendig, die Kunst des Spurenlesens und des Spurenlegens zu meistern, und wir wissen aus den ältesten Höhlenmalereien, daß dies mit magischen Mitteln geschah.

Diese Bemerkung ist erforderlich, weil viele Esoteriker (darunter auch Runenkundige!) allzugern die Nase rümpfen, wenn die Erfolgsmagie zur Sprache kommt, die man recht abfällig in der Regel ja auch als »niedere Magie« bezeichnet. Das bedeutet nicht, daß man mit Runen nicht auch mystische Erfahrungen machen könnte, worauf wir, wie gesagt, noch eingehen werden. Aber wenn wir uns die Aussage der Runen, insoweit wir sie inzwischen rekonstruieren konnten, vor Augen halten, fällt uns auf, daß sie meist sehr konkret und alltagsnah ist. Deshalb eignen sich die Runen auch besonders gut für erfolgsmagische Zwecke.

Was sind nun die Schwerpunkte der Erfolgsmagie? Wenn man professionelle Wahrsager und Magier befragt, erfährt man, daß sich die Anliegen ihrer Klienten zum überwiegenden Teil auf drei Schwerpunkte verteilen: Liebe, Geld, Gesundheit. Gewiß gibt es gelegentlich auch andere Ziele, doch bleibt das die Ausnahme.

Grundsätzlich können Sie mit Talismanen und Amuletten aber alle nur erdenklichen magischen Ziele erreichen und brauchen sich nicht auf die hier geschilderten zu beschränken.

Der Begriff »Liebeszauber« ist ein wenig irreführend. Auf eine allgemeine Liebesmagie, bei der es darum geht, die eigenen Chancen beim anderen oder gleichen Geschlecht ganz allgemein zu verbessern, trifft er zwar noch zu. Viel häufiger aber versuchen Menschen, mit Hilfe eines solchen Zaubers einen anderen für sich zu beeinflussen. Ein solches Vorgehen nennt man dann korrekter *Bindungszauber*. Egal in welcher magischen Richtung wir arbeiten, ob als Runen- oder als Planetenmagier, einem Problem können wir dabei nicht entweichen: Bindungszauber haben nämlich die tückische Eigenart, vor allem jenen zu binden, der sie durchführt oder in Auftrag gibt!

Das ist auch psychologisch einleuchtend. Denn ein solcher Zauber stellt eine große Anstrengung dar, die man zwar scheinbar dazu unternimmt, um in anderen Liebe und Zuneigung zu erwecken, tatsächlich findet dabei jedoch auch eine eigene Fixation auf die Zielperson statt. Eine solche magisch herbeigeführte Bindung aber läßt sich nur unter sehr großen Anstrengungen jemals wieder lösen, deshalb sollte sich jeder Runenmagier eine solche Operation sehr gut überlegen.

Da ist es weitaus empfehlenswerter, einen allgemeinen Liebeszauber durchzuführen. Das hat den Vorteil, daß der Runenmagier oder sein Klient bzw. seine Klientin in der Regel mit einer ganzen Auswahl von möglichen Liebespartnern konfrontiert wird, die Entscheidungsfreiheit wird also größer anstatt eingeschränkt zu werden.

Beim Geldzauber sollten Sie darauf achten, daß Sie möglichst viele Kanäle freilegen, durch welche das Geld zu Ihnen kommen kann – und Sie müssen im Alltag natürlich auch die Augen für günstige Gelegenheiten offenhalten!

Die magische Anwendung der einzelnen Runen

Richtig arbeiten können Sie mit Runen nur auf der Grundlage persönlicher Erfahrung. Die kann sich zwar mit traditionellen Aussagen decken, doch muß das keineswegs immer der Fall sein. Das Beispiel Odins zeigt, daß die Runen individuell geschaut werden müssen. Deshalb kann die folgende Liste nur ein Vorschlag sein, der sich zwar mit traditionellen und eigenen Erfahrungen deckt, den Sie aber, ohne zu zögern, abändern oder sogar verwerfen sollten, falls Ihre eigene Praxis dies nahelegt. Es ist wertlos, den Visionen anderer Menschen nachzulaufen, wenn man mit vergleichsweise geringer Mühe eigene Visionen bekommen kann, die dem persönlichen Arkanum weitaus besser entsprechen. Das tun nur autoritätsgläubige – oft auch noch sehr unkritische – Menschen, die selten jene Souveränität erlangen werden, die doch eine unverzichtbare Voraussetzung für einen echten Magier ist.

Andererseits verlangt gerade der Anfänger natürlich zu Recht nach Orientierung. Wenn Sie den folgenden Überblick unter diesem Gesichtspunkt betrachten, kann er Ihnen eine wertvolle Hilfe sein, ohne Sie dabei in die Fesseln dogmatischer Pseudo-Objektivität zu legen. Allerdings setzt dies voraus, daß Sie über Runen nicht nur lesen, sondern sie auch *praktisch* bearbeiten.

Wenn Sie diesen Aspekt der Runenarbeit vertiefen möchten, finden Sie dazu eine Auswahl weiterführender Literatur im Anhang.

Abschließend sei noch bemerkt, daß sich der Verwendungszweck der einzelnen Runen natürlich von ihrer Grundbedeutung ableitet, die wir im vorigen Kapitel kennengelernt haben. Von dieser Grundlage ausgehend, können Sie sich ohne große Mühe weitere Anwendungsmöglichkeiten überlegen und in der Praxis überprüfen.

FEHU

Mehrung und Sicherung des materiellen Besitzstands; Beeinflussung beweglicher Güter (z. B. Transportfahrzeuge); Stärkung der beweglichen Macht bzw. der Mobilität; Förderung der Fruchtbarkeit; Zerstörung feindlicher Positionen; Amulette gegen finanzielle Bedrohung; Talismane für materielle Mehrung

URUZ

Förderung der Konzentration; Schutz vor Nachlässigkeit und Unzuverlässigkeit bei materiellen Unternehmungen; Erdung und organische Kräftigung; Steigerung der Vitalität; Stabilisierung; Amulette gegen unberechenbare Schwankungen im materiellen, seelischen und gesundheitlichen Bereich; Talismane für die Stabilisierung und Konkretisierung geschäftlicher Vorhaben und zur Sicherung von Grund und Boden

THURISAZ

Aktive Verteidigung gegen Anfechtungen und Gegner; Überwindung von Hindernissen; »Zusammenschmieden« unterschiedlicher Interessen; Lähmung oder Vernichtung von Feinden; Liebeszauber; Förderung der Sexualität; Amulette gegen Gewaltausübung durch Gegner; Talismane für Liebesbeziehungen

ANSUZ

Förderung des sprachlichen Ausdrucks und der Dichtkunst; Mehrung der Inspiration und Überzeugungskraft; Zugang zu Ekstase und Kreativität; Abwehr falscher Suggestionen anderer; Amulette gegen Intrigen und üble Nachrede; Talismane für sprachliche Aktivitäten und zur Steigerung der Intuition und Sensitivität

RAIDHO

Förderung der Mobilität; Beschleunigung von Zyklen; Herstellung von Ordnung; Festigung der eigenen Mittung; Abwehr verwirrungsstiftender Einflüsse; Schutz auf Reisen; Sieg bei Gerichtsprozessen; Amulette gegen Prozeßverluste und Reiseunfälle; Talismane für Gerichtsverhandlungen und Reisen

KENAZ

Schutz vor Feuer; Besänftigung cholerischer Temperamente; Steigerung des Handlungsvermögens; Förderung der Durchsetzungskraft; Steigerung der Leidenschaft und der Liebeslust; aktive Verteidigung; Gegenangriffe; Amulette gegen Brandausbrüche, Fieber und Entzündungen; Talismane zur Steigerung der Kreativität und für sexuellen Erfolg

GEBO

Förderung des Gruppenzusammenhalts; Entwicklung und Nutzung der eigenen und fremder Großzügigkeit; Schutz vor Unterwanderung und Zwietracht; Förderung des seelischen und materiellen Reichtums; Liebeszauber; Amulette gegen Geiz, Erstarrung und unberechtigte materielle Ansprüche anderer; Talismane für Liebe und Wohlstand

WUNJO

Steigerung von Humor, Heiterkeit und allgemeinem Wohlbefinden; Stärkung des Zusammengehörigkeitsgefühls in Gruppen; Vergnügungen; Förderung der Treue anderer; Steigerung der eigenen Anziehungskraft; Förderung von Tauschgeschäften; Hebung der seelischen und gesundheitlichen Moral; Amulette gegen Mutlosigkeit, Depression und Pessimismus; Talismane für allgemeines Glück, Wohlbefinden und Zusammenhalt in Familien und anderen Gemeinschaften

HAGALAZ

Schutz; Sicherung des Besitzstands; Förderung der Fruchtbarkeit und der »Keimung« auf allen Ebenen; Herstellung des Gleichgewichts zwischen einander widerstrebenden Kräften; Harmonisierung; Steigerung des Entwicklungspotentials; Bannung von Fremdbeeinflussungen; aktive Verteidigung oder Angriff (»Hagelzauber«); Amulette gegen Angriffe und Katastrophen aller Art; Talismane für das Gedeihen von Vorhaben

NAUDHIZ

Schlichtung von Streitfällen; Milderung von Haß und Abneigung; Abwenden von Not und Leid; Schutz gegen materielle Bedrohung von außen; Gegenangriffe zur Schwächung und Auszehrung des Gegners; Förderung der Intuition und Erfindungsgabe; Abhärtung; Amulette gegen Not und materielle Angriffe; Talismane zur Stärkung der Widerstandskraft und zur Förderung des Einfallsreichtums sowie zur Überwindung materieller Widrigkeiten

ISA

Förderung des Zugangs zum Ursprung; Überwindung äußerer und innerer Hektik und Unruhe; Herstellung von Stille und Besinnung; Bewältigung von Gefühlsproblemen; Abwehr lähmender Einflüsse; Regeneration; Amulette gegen Lähmung durch widrige Einflüsse und Umstände sowie gegen Unruhe und Fahrigkeit in Unternehmungen; Talismane für Durchsetzungskraft und Beharrlichkeit sowie zur Förderung telepathischer Fähigkeiten

JERA

Förderung von Projekten und Sicherung der Ernte und Fruchtbarkeit; Herstellung von Frieden und Harmonie; Sicherung und Stabilisierung längerfristiger Unternehmungen; Förderung korrekter Zeitplanung; Überwindung von Stagnation; Amulette gegen Schäden durch andere; Talismane zur Überwindung von Terminschwierigkeiten und zur Förderung des allgemeinen Gelingens längerfristiger Vorhaben

EIHWAZ

Steigerung der Ausdauer; Abschottung; starker Schutz vor fremden Zaubern; Eindämmung von Risiken; Bannung unerwünschter Einflüsse; Förderung der Durchsetzungskraft; Angriff und Vernichtung von Gegnern (»Vor Eiben kann kein Zauber bleiben«); Enllarvung von Täuschungsmanövern; Förderung der geistigen Klarheit; Amulette gegen Betörung , Schwindeleien und Betrug; Talismane für magischen Schutz sowie für Liebes- und Bindungszauber

PERTHRO

Herbeiführung günstiger Zeitpunkte für ein Vorhaben; Erkennen grundsätzlicher Einflußfaktoren (»Eckwerte«, »Grundparameter«) bei Vorhaben aller Art; Steigerung des Erfolgs bei riskanten Projekten; Beherrschung des Gesetzes von Ursache und Wirkung; Förderung grundlegender Veränderungen; Bestimmung von Zeitqualitäten und Trends sowie der eigenen relativen Position; Amulette gegen »Pechsträhnen«; Talismane für Glücksspiel und zur Förderung der Weissagungsfähigkeiten

ELHAZ

Glück; Lebenskraft; Erkennen von überpersönlichen Faktoren; Schau von Gesamtzusammenhängen; Schutz; Kontaktschaltung zum kollektiven Unbewußten und zum Wissen der Ahnen; Abwehr unerwünschter Fremdeinflüsse; Steigerung der Klarheit; Entlarvung von Illusionen und Fremdsuggestionen; Amulette gegen Beschränkung des Handlungsspielraums; Talismane für Wohlstand, Informationsvorsprung und Weisheit

SOWILO

Steigerung der Lebenskraft, des Muts und des Durchsetzungswillens; Sieg; Erfolg; Gewinn; Abwehr lebensbedrohender Einflüsse; Schutz der Vitalität; Absicherung kollektiver Vorhaben; Erfolg in Ehrensachen; Wiederherstellung eines geschädigten Rufs; Amulette gegen Ehr- und Kraftverlust; Talismane zur Stärkung von Geist und Körper

TIWAZ

Gerechtigkeit; Erfolg in rechtlichen Angelegenheiten; (Wieder-)Herstellung der Ordnung; Durchsetzung berechtigter Ansprüche; Steigerung der Loyalität; Abwehr von Mißtrauen und Hader; aktive Verteidigung; Bestehen im Kampf; Förderung des kollektiven Zusammenhalts; Amulette gegen das Auftreten absehbarer Konflikte; Talismane für Sieg und Durchsetzung

BERKANO

Herstellung des Friedens; Schutz des Heims und des unmittelbaren persönlichen und beruflichen Umfelds; Sicherung der Versorgung; Erfolg bei Immobiliengeschäften; Erkenntnis und Nutzung der eigenen Weiblichkeit; Steigerung des Realismus; Schutz vor Täuschung; Einleiten langsamer Veränderungen; Amulette gegen Bedrohung des Besitzstandes von außen und gegen Heimtücke; Talismane zur Förderung des allmählich wachsenden Reichtums und der allgemeinen Fruchtbarkeit

EHWAZ

Förderung der kollektiven Zusammenarbeit; Konsolidierung von Partnerschaften; Steigerung der Vertrauenswürdigkeit; Sicherung von Treue und Verläßlichkeit; Beweglichkeit im Kollektiv; Zusammenspiel von Herz und Hand; dynamische Harmonie; Sicherung von Flucht- und Ausweichmöglichkeiten; Steigerung der Sinnlichkeit und Unmittelbarkeit; Amulette gegen die Bewegungsfähigkeit einschränkende Angriffe und gegen »Friedhofsruhe«; Talismane für Einigkeit, Loyalität und Zuverlässigkeit

MANNAZ

Harmonisierung der sozialen Ordnung; Steigerung des Durchblicks; Gemeinsamkeit; Abwehr von Fehleinschätzungen anderer; Erwerb übergeordneten Wissens und zielführender Informationen; Förderung der Intuition im Umgang mit Menschen; Steigerung des Erinnerungsvermögens; Erkennen gegenseitiger Abhängigkeiten; Amulette gegen Trennungs- und Lösungszauber; Talismane für Liebeszauber und Vereinigung

LAGUZ

Selbstbehauptung; Förderung längerer Reisen; Bestehen harter Prüfungen; unmittelbares Handeln; Auseinandersetzung mit dem Wasserelement; Stärkung des Durchhaltevermögens unter widrigen Umständen; Schutz vor Feigheit, Verrat und Unflexibilität; Schutz vor Vergiftungen; Amulette gegen Vergiftungen sowie gegen Unfälle; Talismane für sicheres Reisen und zur Steigerung der Standhaftigkeit

INGWAZ

Einleiten von Ruhephasen und konstruktiven Pausen; Absicherung von Gärungsprozessen und neuen Vorhaben; Aktivierung inneren Wachstums; Förderung der Besinnung und der Einkehr; Verhinderung innerer Emigration und Vereinsamung; Zügelung übertriebener Dynamik; Amulette gegen Entwicklungsstörungen; Talismane für Fruchtbarkeit, organisches Gelingen und zur Absicherung von Ruhephasen

DAGAZ

Erkenntnis und Durchsetzung persönlicher Ideale und »Großer Träume«; Zugang zum Überpersönlichen; Förderung mystischer Erkenntnisse; Abbau von Engstirnigkeit; Entlarvung von Illusionen; Synthese der Gegensätze zu einer dynamischen Einheit; Amulette zur Vermeidung zwielichtiger Zustände der Verkennung oder falscher Gesellschaft; Talismane zur Steigerung des eigenen Beharrungsvermögens und der Durchsetzungskraft bei der Verfolgung wichtiger Lebensziele

OTHALA

Förderung von Erbschaftsangelegenheiten; Sicherung des Besitzes und des Heims; Mehrung des Wohlstands; Hilfe in Immobilienangelegenheiten (besonders: Grunderwerb); Förderung von Sippeninteressen; Förderung des Stammesbewußtseins; Aufrechterhaltung der kollektiven Ordnung; Kontaktschaltung zum Wissen der Ahnen; Amulette gegen Verlust des kollektiven Besitzes und gegen materielle Gefährdung; Talismane für (kollektiven) Wohlstand und für den Zugang zu altem Wissen.

6
Mystische Runenarbeit

Unter Mystik versteht der Duden eine »Form der Religiosität, religiöse Anschauung, bei der durch Versenkung, Hingabe, Askese o. ä. eine persönliche, erfahrbare Verbindung mit der Gottheit, mit dem Göttlichen [bis zu einer ekstatischen Vereinigung] gesucht wird«. Es dürfte einleuchten, daß Mystik etwas sehr Persönliches ist, über das sich nur sehr allgemein reden läßt. Denn alles andere wäre ein unzulässiger Eingriff in Prozesse, die sich, wie die Zeugnisse der Mystiker aller Zeiten zeigen, mit der menschlichen Sprache ohnehin nicht wirklich beschreiben lassen. So müssen an dieser Stelle einige sehr oberflächliche Bemerkungen genügen, die Ihnen, sofern dieser Weg überhaupt Ihren Neigungen entsprechen sollte, den Zugang zu mystischen Erfahrungen erleichtern können.

Mystiker wurden in allen Weltreligionen von der Orthodoxie stets mit Argwohn betrachtet. Denn institutionalisierte Religion hat den Anspruch auf ein »Jenseitsmonopol«; sie will den alleinigen Zugang zur Transzendenz verwalten und in geordnete Bahnen leiten. In diesem Sinne sind Mystiker (aber auch Magier) ein unwillkommener »Wildwuchs«, weil sie sich den eingefahrenen, vertrauten Spielregeln widersetzen und ihren eigenen Weg suchen, ohne vorher bei weltlichen und geistlichen »Autoritäten« eine Genehmigung oder Absicherung einzuholen. Es sind also im Kern Rebellen, die daher bei den Inhabern religiöser Pfründen kaum auf Gegenliebe hoffen dürfen.

Dementsprechend wird seitens des religiösen Establishments auch immer wieder vor den Gefahren der Mystik gewarnt. Das ist prinzipiell sogar richtig, denn tatsächlich bietet die Mystik mangels klarer, eindeutiger Regeln und Sicherheitsmechanismen sehr viel Spielraum für Phantastereien und Realitätsflucht. Nicht jede Verzückung, nicht jede Vision muß zwangsläufig einer wie auch immer definierten Transzendenz entspringen. Es ist ungeheuer schwierig, auf dem mystischen Pfad zwischen Realität und Täuschung zu unterscheiden, ja sogar Besessenheit ist keine Seltenheit, und so sind die Vorbehalte der religiösen Orthodoxie in gewissem Ausmaß sogar verständlich. Andererseits bietet die Mystik ihren Anhängern unbeschreibliche Ekstasen, die sie sonst nirgendwo finden dürften.

Es ist übrigens keineswegs so, wie oft geglaubt wird, daß man zum Mystiker geboren sein muß, daß Transzendenzerlebnisse (über deren Wirklichkeitscharakter wir hier kein Urteil fällen wollen) stets nur ungebeten (als Akt »göttlicher Gnade«) stattfinden, daß man davon also wie ein Medium überwältigt wird. Gewiß wäre es töricht zu meinen, daß dieser sicherlich persönlichste Weg menschlicher Religiosität sich in vorgefertigte Erwartungsschemata pressen ließe – das wäre nur der vergebliche Versuch des Nichtteilhabers, Erfahrungen zu verwalten, die ihm im Kern fremd sind und die durch diese Einordnungsbemühungen immer nur noch fremder werden.

Nüchtern, wie die Runen sind, bieten sie uns einen sehr bodenständigen Zugang zu veränderten Bewußtseinszuständen. Sie werden im Laufe der Lektüre bereits bemerkt haben, daß die Runenaussagen und -bilder größtenteils recht konkret und auf irdische Bedürfnisse zugeschnitten sind. Doch wäre es falsch zu erwarten, daß wir hier einen starren Weg zur Runenmystik vorgeben könnten. Das genaue Gegenteil ist der Fall: Mit zunehmender mystischer Erfahrung werden Sie

Ihre eigenen praktischen Methoden entwickeln und von herkömmlichen Empfehlungen abrücken. Betrachten Sie den folgenden Arbeitsplan daher als Einstiegsangebot, und zögern Sie nicht, ihn nach Bedarf bedenkenlos abzuwandeln oder ganz zu verwerfen. Ziel dieses Plans ist es lediglich, Ihre Auseinandersetzung mit den Runen zu vertiefen und den praktischen Zugang zu ihren Kräften freizulegen.

Führen Sie über Ihre Arbeit sorgfältig Tagebuch, halten Sie alle Eindrücke genau fest, und lassen Sie auch genügend Raum für spätere Nachträge. Die in diesem Plan erwähnten *Runenstellungen (Stadha* bzw. *Stödhur)* werden im letzten Kapitel ausführlich behandelt.

Arbeitsplan für die mystische Runenpraxis

täglich:
- *dreimal 10 Minuten Stadha (s. Kapitel 8, S. 138ff.) mit Intonation (drei Runen)*

alle drei Tage:
- *große Runenarbeit: Stadha mit Intonation (alle 24 Runen), ca. 1½ Stunden*

einmal im Monat:
- *ganztägiges Runenexerzitium: dreimal Stadha aller 24 Runen;*
- Runenmeditation über mindestens 5 Runen (je ½ Stunde);

- Arbeit mit dem Runenorakel (s. Kapitel 7);
- dabei: Fasten (sofern keine medizinische Gegenanzeige)
- Zurückgezogenheit
- Enthaltsamkeit (Verzicht auf Alkohol, Tabak, Kaffee, Tee, Genußmittel aller Art, evtl. auch Sexualität)

alle drei Monate:
- *dreitägiges Runenexerzitium (siehe oben)*

einmal im Jahr:
- *einwöchiges Runenexerzitium (siehe oben)*

dazu:
- *regelmäßiges Studium der Runenliteratur*

Wenn Sie dieses oder ein ähnlich intensives Programm sorgfältig absolvieren, werden Sie schon bald den besten und wirkungsvollsten Zugang zu den Runenmächten erhalten, den es gibt – Ihren eigenen!

7

Das Runenorakel

Die richtige Frage ist schon die halbe Orakelantwort. Doch leider wird gegen diesen Grundsatz immer wieder verstoßen. Dabei ist alles so einfach: Sie brauchen nur Suggestivfragen, die ihre eigene Antwort bereits vorwegnehmen, zu vermeiden (etwa: »Wann finde ich die Frau meines Lebens?«, was voraussetzt, daß dies tatsächlich geschehen wird).

Sie verwenden nur Fragen, auf die die Runen strukturimmanent auch wirklich eine Antwort geben können, was beispielsweise alle Fragen ausschließt, die nur mit Ja oder Nein beantwortet werden können, ebenso Fragen nach Summen, Daten, Zeitangaben usw.

Sie formulieren Ihre Fragen mit der richtigen Mischung aus Präzision und Flexibilität und vermeiden dabei Übergenauigkeit (»Was wird am 15. 3. um 17.30 Uhr in der Hauptstraße 27a, 3. Stock links, geschehen?«, »Wer hat mir gestern die Brieftasche gestohlen?«), übertriebene Vagheit (»Wie werde ich glücklich?«) und Fragen, die Ihren eigenen Erkenntnis- und Wirkungshorizont offensichtlich übersteigen (»Wie erhalten wir den Weltfrieden?«).

Außerdem sollten Sie das Orakel nicht in Versuchung führen, indem Sie beispielsweise durch wiederholte Befragung in derselben Angelegenheit eine bestimmte Antwort erzwingen wollen. Denn dann kann es sein, daß die Runen in Zukunft schweigen, indem sie keine oder nur noch falsche Antwort geben.

Wenn Sie bei der Weissagung mit anderen Menschen arbeiten, diese also beraten, müssen Sie sich natürlich auch ein wenig darin üben, ihnen die Runenaussagen klar verständlich zu machen. Das erreichen Sie am besten durch sehr viel Praxis, weshalb Sie nach einer Phase des Selbstexperiments ruhig im Bekannten- und Freundeskreis Ihre ersten Klienten suchen sollten. Und vergessen Sie nie: Orakel können stets nur Tendenzen anzeigen, es sind keine unabwendbaren Schicksalssprüche!

Womit wird das Runenorakel nun befragt? Wir wissen aus alten Texten, daß früher für jede Befragung ein vollständiger Satz Runen aus frischen Zweigen geschnitten wurde. Diese wurden nach der Orakelnahme feierlich verbrannt. Dem heutigen Menschen dürfte diese Methode sehr aufwendig erscheinen. Wir sollten aber nicht vergessen, daß unseren germanischen Vorfahren jede Orakelnahme ein *heiliger Akt* war, eine Befragung der Götter. Dies durfte nur bei wirklich wichtigen Angelegenheiten geschehen, durch den großen Aufwand sollte also auch eine Profanierung verhindert werden.

Heute verwenden wir für das Orakel meist Runensteine. Diese kann man sich entweder selber anfertigen oder auch als Set im esoterischen Buchhandel kaufen. Die Steine werden in einem Beutel aus Leinen oder Samt aufbewahrt und nur zur Befragung des Orakels hervorgeholt.

Aus den alten Quellen wissen wir ferner, daß die Runen bei der Befragung *geworfen* wurden, allerdings ist bisher unklar geblieben, auf welche Weise das geschah. So sind wir auf Mutmaßung und Rekonstruktion angewiesen, die angesichts des vorhandenen Materials allerdings einigermaßen fundiert sein dürften.

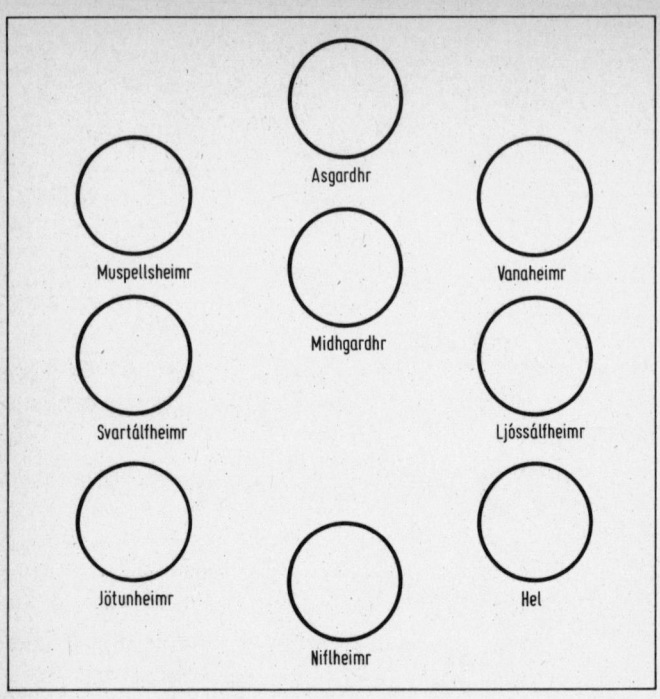

Abbildung 6: Die neun Welten als Orakelschema

Für dieses Buch haben wir eine neue, auf Ihre individuellen Bedürfnisse zugeschnittene Methode des Runenorakels entwickelt, die sich in der Praxis bereits gut bewährt hat. Dazu benötigen Sie außer den Runensteinen ein weißes Tuch (am besten aus reinem Leinen) von ca. 60×60 cm Größe. Dieses Tuch bemalen Sie mit neun Kreisen in roter Farbe (vgl. Abbildung oben). Die Zahl neun wurde gewählt, weil sie den neun Welten der nordischen Mythen entspricht und sich besonders gut in das Runenweltbild einfügt.

Die Abbildung 7 zeigt einen Vorschlag für die Anordnung der für eine Orakelbefragung erforderlichen Aspekte. Selbst-

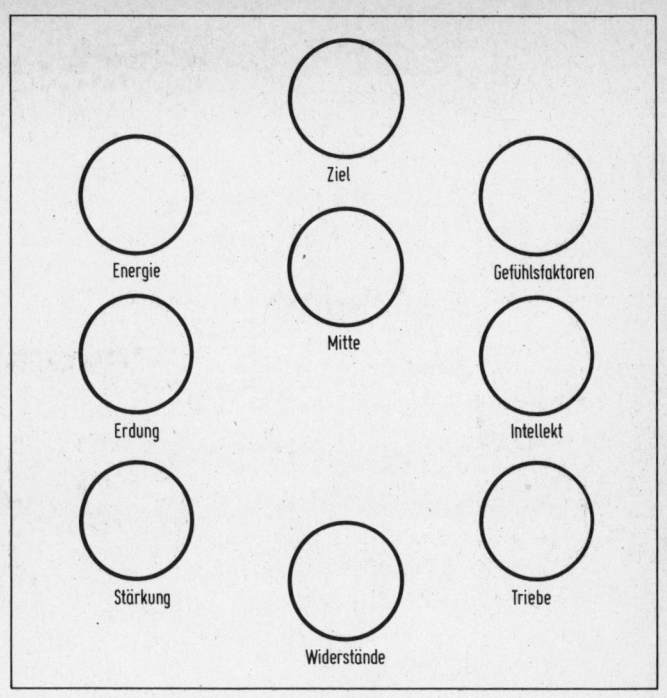

Abbildung 7: Individuelles Orakelschema

verständlich können Sie auch beliebige andere Faktoren für Ihr Orakel auswählen. Doch wollen wir dieses Beispiel hier einmal ausführlicher erläutern, um daran eine Runenorakelbefragung zu veranschaulichen.

1. *Asgardhr* (Asgard) ist die oberste Welt, die in sich verschiedene Hallen birgt, so etwa *Valhöll* oder *Walhalla*, wo die Gefallenen weilen. Bezogen auf das Orakel entspricht dies dem höchsten oder eigentlichen *Ziel* der Orakelfrage. Die linke senkrechte Säule untersteht dem Element Feuer, die rechte dem Element Eis.

2. *Muspellsheimr* ist das Reich der feurigen Energien und entspricht im Orakel der Tatkraft und den zur Verfügung stehenden *Energiefaktoren*.

3. *Vanaheimr* regiert das Wasser und damit die für die Orakelfrage relevanten *Gefühlsfaktoren*.

4. *Midhgardhr (Midgard)* entspricht der Erde oder der Mitte der Orakelangelegenheit, ebenso ihrer *materiellen Manifestation*.

5. *Svartálfheimr* ist die Welt der dunklen, unterschwelligen Gefühle und entspricht dem Grad der *Erdung* der Orakelangelegenheit.

6. *Ljóssálfheimr* ist das Reich der Helligkeit und des *Intellekts,* also der intellektuellen Faktoren der Orakelangelegenheit.

7. *Jötunheimr* ist die Welt der ständigen Bewegung und des Widerstands. So zeigt sie im Orakel die *Störung* der Angelegenheit an.

8. *Hel* ist das Reich der Instinkte und der ungezügelten, allesbeherrschenden *Triebe*.

9. *Niflheimr* ist das »Schwarze Loch« der ständigen Zusammenziehung und Vereisung. Im Orakel zeigt diese Position die *Widerstände* an, mit denen in der Frageangelegenheit gerechnet werden muß.

Die Orakeldeutung im Beispiel

Betrachten wir nun eine Befragung, wie sie uns in der Praxis begegnen könnte. Der Orakelnehmer stellt die Frage: »Wie würde es werden, wenn ich meine berufliche Stellung jetzt aufgäbe, um das Angebot der Konkurrenzfirma anzunehmen?«

Er hat das Tuch vor sich ausgebreitet und sitzt mit dem Gesicht nach *Norden* davor, während er sich einige Augenblicke auf seine Frage konzentriert. Die Runen hält er in ihrem Beutel in der Hand. Nun schüttelt er den Beutel neunmal und entleert ihn mit Schwung über dem Tuch.

Berücksichtigt werden bei der Orakeldeutung nur jene Runen, die in eines der Felder zu liegen kommen. Alle anderen werden entfernt. Liegt die Rune aufrecht (oder fast aufrecht), gilt sie als *positiv aspektiert*, liegt sie umgekehrt (oder fast umgekehrt), wird sie als *negativ aspektiert* gedeutet. Mehrere Runen in einem Feld werden in Kombination gedeutet. Bleibt ein Feld leer, so zeigt dies an, daß das Orakel dazu keine Aussage machen kann oder will – in diesem Bereich ist noch alles offen. Die Abbildung 8 zeigt ein Beispiel für einen derartigen Runenwurf, wobei jene Runensteine, die außerhalb der Deutungsfelder zu liegen kamen, bereits entfernt wurden.

Nach kurzer Meditation geht der Orakelnehmer die einzelnen Felder durch, deutet die darin befindlichen Runen und gelangt schließlich über mehrere Einzelaussagen zu einer zusammenfassenden Antwort. Zur Deutung werden die am Ende dieses Kapitels stichwortartig aufgelisteten Runenbedeutungen und die schon bekannten Zuordnungen herangezogen, aber auch intuitive Erkenntnisse und »Geistesblitze«

Abbildung 8: Orakelbeispiel

dürfen nicht nur zur Geltung kommen, sie sind sogar er-
wünscht.

Doch zunächst einmal kommt die Systematik. Der Orakelnehmer geht die einzelnen »Welten« seiner Orakelantwort
von unten nach oben durch:

Platz 9 (Widerstände): KENAZ – negativ

Einzelaussage: Die Begeisterung übersieht massive Widerstände (seitens der alten Kollegen und Vorgesetzten?). Der
Übergang wird nicht reibungslos stattfinden, es ist mit Intrigen und künstlich aufgebauten Hindernissen zu rechnen.

Platz 8 (Triebe): BERKANO – positiv

Einzelaussage: Die Triebfaktoren sind gezügelt – der Wunsch nach Veränderung ist offensichtlich echt. Methodisches Vorgehen ist möglich.

Platz 7 (Störung): EIHWAZ – positiv

Einzelaussage: Störende Fremdeinflüsse werden mit Bravour gemeistert und abgeschmettert. Ausdauer und Selbstdisziplin führen zum Ziel und verhindern Verwirrung und Schwächung.

Platz 6 (Intellekt): OTHALA – positiv

Einzelaussage: Die neue Stelle wird dem Fragenden eine neue geistige Heimat bescheren, in der er sich wohl fühlt und wo er sich intellektuell voll entfalten kann.

Platz 5 (Erdung): FEHU – positiv

Einzelaussage: Materiell wird die neue Stelle eine Verbesserung darstellen – der Besitz ist gesichert.

Platz 4 (Mitte): INGWAZ/TIWAZ – positiv

Einzelaussage: Vertrauenswürdigkeit und Fairneß verbinden sich zu einer fruchtbaren »Gärung« – Kreativität und neue Ideen können aufblühen und werden gerecht honoriert.

Platz 3 (Gefühlsfaktoren): HAGALAZ – positiv

Einzelaussage: Die richtige Gefühlsentscheidung – Gelingen und Gedeihen auch auf emotionaler Ebene.

Platz 2 (Energie): THURISAZ – positiv / RAIDHO – negativ

Einzelaussage: Die Entscheidung ist zwar grundsätzlich richtig – aber gilt das auch für den Zeitpunkt? Unterstützung von außen steht pedantisches Beharren auf festgefahrenen Positionen gegenüber. Diplomatisch taktieren und den günstigsten Zeitpunkt für den Wechsel (oder für Gespräche darüber) abwarten, sonst kann es erhebliche Verwirrung geben.

Platz 1 (Ziel): GEBO – positiv

Einzelaussage: Das Ziel wird schließlich erreicht, Großzügigkeit und Überfluß setzen sich durch.

Gesamtaussage: Die Situation wird zwar etwas überoptimistisch gesehen, ist aber im Kern günstig. Die Entscheidung zum Wechsel der Stellung ist grundsätzlich richtig. Doch es ist auch mit Widerständen und Verzögerungen zu rechnen. Möglicherweise sollte ein etwas günstigerer Zeitpunkt abgewartet werden, dann stehen alle Zeichen auf Erfolg.

Wie gesagt: Orakel zeigen immer nur *Tendenzen* an, nicht mehr und nicht weniger. Sieht man sie in diesem Licht, können sie eine brauchbare Hilfe bei der Entscheidungsfindung sein. Fatalistischer Aberglaube dagegen macht sie zu einem Instrument der Knechtschaft. »Wer sich selbst hilft, dem helfen auch die Götter!«

Die Orakelbedeutungen der Runen des Älteren Futhark

FEHU

Positiv aspektiert zeigt die Rune FEHU Zuwachs an Geld und beweglicher Macht an, ebenso eine Konsolidierung des Besitzes. Bei fester Verwurzelung im Materiellen erzielen Sie Gewinn durch Großzügigkeit.

Negativ aspektiert dagegen deutet sie auf Geldmangel und

Starrheit hin. Materielle Orientierungslosigkeit und Vergeu-
dung der Substanz führen in die materielle und geistige
Armut. Auch Geiz kann, da er ja Ausdruck von Verlustangst
ist, zu Verlust und Schwächung führen.

URUZ

Positiv aspektiert zeigt die Rune URUZ Erfolg bei Konflikten
und ausgeprägten Realismus an. Ferner Gesundung und
Stärkung der Abwehrkräfte. Möglicherweise muß ein frucht-
bringendes Opfer erbracht werden.

Negativ aspektiert deutet sie auf Sturheit und Unnachgie-
bigkeit bei Konflikten. Es mangelt an Durchsetzungsvermögen. Gefahr der Selbsttäuschung und des kurzsichtigen Mate-
rialismus. Ferner Verlust der Wurzeln, Schwächung der
Vitalkräfte und Kränkeln.

THURISAZ

Positiv aspektiert zeigt die Rune THURISAZ den Schutz vor
mißgünstigen Gegenkräften an. Ein reinigendes Gewitter läßt
die Relativität von »Gut« und »Böse« deutlich werden. Die
Polaritäten werden optimal ausgesteuert. Macht wird auf
konstruktive Weise ausgeübt. Liebeszuwachs ist abzusehen.

Negativ aspektiert weist sie dagegen auf Größenwahn und
Selbstüberschätzung hin. Prozeßhanseltum und Dogmatismus herrschen vor. Warnung vor Machtmißbrauch, Sturheit
und blindem Wüten, sie führen zu Kontroll- und Liebesver-
lust.

ANSUZ

Positiv aspektiert zeigt die Rune ANSUZ Klugheit und
geschickte Rede an. Gespräche bringen Erhellung, die Kom-
munikation ist gesichert und beschert allen Beteiligten
Zufriedenheit. Abbau von Vorurteilen.

Negativ aspektiert weist sie dagegen auf Verkennung und
unkluges Zerreden einer Angelegenheit hin. Rede- und

Schreibhemmung sind angezeigt, falsch gewählte Worte bringen Verwirrung. Die Kreativität ist empfindlich eingeschränkt.

RAIDHO

Positiv aspektiert zeigt die Rune RAIDHO Klarheit an. Die
rechte Zeit ist gekommen, Aufklärung schafft Ordnung. Der
eigene (oder einer Sache innewohnende) Rhythmus wird
erkannt und zur Verwendung gebracht.

Negativ aspektiert zeigt die Rune dagegen mangelndes
Gespür für wahre Ordnung an. Pedanterie herrscht um ihrer
selbst willen und fördert die Konfusion. Es fehlt an intuitiver
Leitung; falscher Zeitpunkt.

KENAZ

Positiv aspektiert zeigt die Rune KENAZ Begeisterung und
kreatives, schöpferisches Feuer an. Zeit der Erneuerung,
Förderung der Willenskraft, der Reinigung und der Willenskraft. Leidenschaft; Lust; Liebe; Vereinigung.

Negativ aspektiert zeigt die Rune dagegen das erstickte
Feuer und heimliche Schwelbrände an. Stocken der Lebenskraft führt zu Schmerz und Qual. Sexueller Exzeß; Trennung; Vernichtung.

GEBO

Positiv aspektiert zeigt die Rune GEBO Gelingen, Großzügigkeit und Überfluß an. Hochzeit und konstruktive Zusammenarbeit sind angezeigt, ebenso die (auch sexuelle) Harmonie.

Negativ aspektiert deutet sie auf Blockaden, Entzweiung,
Mißgunst, Trennung und Streit hin. Geiz und Unwirtlichkeit
herrschen vor. Verklemmtheit bremst die lockere Ekstase.

WUNJO

Positiv aspektiert zeigt die Rune WUNJO die Lebensfreude
an. Zusammenarbeit bringt Gedeihen. Kameradschaft und

Harmonie überwindet Gegensätze. Treue und Verläßlichkeit führen zu Glück und Wohlbefinden.

Negativ aspektiert weist die Rune auf Mißmut, Niedergeschlagenheit und Trauer hin. Untreue, Entfremdung und Verrat drohen, ebenso Entzweiung und Entwurzelung.

HAGALAZ

Positiv aspektiert zeigt die Rune HAGALAZ Gelingen und Gedeihen einer Angelegenheit an. Neue Möglichkeiten treten zutage. Die Saat geht auf, das Gleichgewicht der Kräfte herrscht vor. Großes Evolutionspotential; Fruchtbarkeit.

Negativ aspektiert weist die Rune dagegen auf Verwüstung und auf Vereisung der Gefühle hin. Unnahbarkeit und Erstarrung der Strukturen herrschen vor, Entropie und tote Perfektion ersticken jede Entwicklung.

NAUDHIZ

Positiv aspektiert zeigt die Rune NAUDHIZ Schlichtung und das Ende eines Streits an. Konstruktiver Druck aktiviert die kreativen Kräfte. Große Widerstandskraft.

Negativ aspektiert zeigt die Rune Not, Widerstände und Reibungsverluste an. Hader und Elend bewirken erdrückende Zwänge und Schwächung. Mangel an Manifestationsmöglichkeiten.

ISA

Positiv aspektiert zeigt die Rune ISA Einflußmöglichkeiten und Zusammenhalt an. Ebenso einen schwierigen, aber gelungenen Übergang von einem Zustand in einen anderen. Die Selbstbeherrschung gelingt.

Negativ aspektiert weist sie auf Entropie und Blindheit hin, auf Willensschwäche und Verblendung. Die Einflußmöglichkeiten sind verlorengegangen. Mißglückter Wechsel; kurzsichtige Egozentrik. Willensschwäche.

JERA

Positiv aspektiert zeigt die Rune JERA das Einbringen der Ernte an. Frühere Bemühungen zeitigen nun Erfolg, Gedeihen und Fruchtbarkeit sind der Lohn. Es ist eine gute Zeit angebrochen, die auch noch länger andauern wird.

Negativ aspektiert deutet sie auf falsche Zeitplanung hin. Fehlentscheidungen führen zu Verlusten. Die natürlichen Zyklen werden mißachtet, pedantisches Beharren auf überholten Zeitplänen bringt Stagnation.

EIHWAZ

Positiv aspektiert zeigt die Rune EIHWAZ Kraftzuwachs, Ausdauer und Zufriedenheit an. Fremdeinflüsse sind abgewehrt, Beharrlichkeit und Selbstdisziplin führen zum Ziel.

Negativ aspektiert weist sie auf Schwächung, Verwirrung, Täuschung und Unzufriedenheit hin. Willensschwäche, Disziplinlosigkeit und Habgier bringen nur Scheinerfolge.

PERTHRO

Positiv aspektiert zeigt die Rune PERTHRO Wachstum und Glück an. Grundtendenzen werden rechtzeitig erkannt, günstige Zeitpunkte genutzt. Geselligkeit bringt Gewinn.

Negativ aspektiert weist sie auf Vernichtung durch Genußsucht hin, Befangenheit und die Verkennung von Ursache und Wirkung führen zu Vereinsamung und Stagnation. Ungünstige Zeitqualität.

ELHAZ

Positiv aspektiert zeigt die Rune ELHAZ das glückliche Gelingen eines Vorhabens an. Offenheit für Außeneinflüsse bringt Gewinn. Gesundung und Wohlstand sind die Folge.

Negativ aspektiert weist sie auf Schwächung durch Mißbrauch der eigenen Kraft hin. Selbstabkapselung bringt Minderung und führt in die Vereinsamung. Leid.

SOWILO

Positiv aspektiert zeigt die Rune SOWILO Beweglichkeit und Durchsetzungsvermögen an. Ziele rücken in greifbare Nähe. Tatkraft gepaart mit Klugheit führen zum Sieg. Gute Reise.

Negativ aspektiert weist sie auf Ziellosigkeit und blinden Aktionismus hin. Unkluge Führung bewirkt Stillstand und geistige Erstarrung. Scheitern durch Trägheit und Routine. Schlecht aspektierte Reise.

TIWAZ

Positiv aspektiert weist die Rune TIWAZ auf Treue, Vertrauenswürdigkeit und verdienten Sieg hin. Die Gefolgschaft ist gesichert, Ordnung wird geschaffen. Methodisches Vorgehen.

Negativ aspektiert weist sie auf Untreue und Vertrauensmißbrauch hin, ebenso auf unzuverlässige Gefolgschaft, Ungerechtigkeit, vergebliche Selbstopfer und Verwirrung.

BERKANO

Positiv aspektiert zeigt die Rune BERKANO Neuanfang und gemächliche Veränderungen an. Wohlstand, Erdung und Realismus gehen Hand in Hand. Enthüllung wird abgewehrt, Raffinesse bewährt sich und bringt Fruchtbarkeit.

Negativ aspektiert weist sie auf Energieverluste und auf ein Stocken der Entwicklung hin, das bis zur Erstarrung und zur völligen Mittellosigkeit führen kann. Betrug, Selbsttäuschung, Heimtücke.

EHWAZ

Positiv aspektiert zeigt die Rune EHWAZ gute Zusammenarbeit an. Vertrauen und Loyalität sichern die gemeinsame Bewegung auf dasselbe Ziel hin. Ehe und Partnerschaft verbinden Herz und Hand. Theorie und Praxis weise vereint.

Negativ aspektiert weist sie auf Scheitern durch Selbstabkapselung hin, auf Schwächung durch Machtmißbrauch. Minderung; Vereinsamung; Streit; Leid.

MANNAZ

Positiv aspektiert zeigt die Rune MANNAZ das glückliche Zusammenleben, Gemeinsamkeit und die Einsicht in kollektive Zusammenhänge an. Der Blick für Übergeordnetes bringt Kraft und Einsicht. Toleranz gegenüber den Mitmenschen zahlt sich aus.

Negativ aspektiert weist sie auf Orientierungsverlust und Verwirrung durch Verkennen kollektiver Zusammenhänge hin. Das kann zur Auflösung des Zusammenhalts, zu Entfremdung, Verblendung und Intoleranz führen.

LAGUZ

Positiv aspektiert zeigt die Rune LAGUZ strenge, aber durchaus zu bewältigende Prüfungen an, die sofortiges Handeln erforderlich machen. Auch Seefahrten und lange, schicksalhafte Reisen können anliegen.

Negativ aspektiert weist sie auf Ausweichmanöver, Verzögerungen und Stagnation hin. Unbeweglichkeit und Scheuklappendenken zehren an den Kräften. Vergiftungen.

INGWAZ

Positiv aspektiert zeigt die Rune INGWAZ Besinnung und fruchtbare Ruhepausen an. Gärungsprozesse bewirken ein aktives inneres Wachstum. Geduld ist angezeigt. Schwangerschaft; Fruchtbarkeit.

Negativ aspektiert weist sie auf Realitätsverlust durch Isolationstendenzen hin, die zu Lähmung und Entwicklungsstörungen führen können. Aber auch Ungeduld, Unfruchtbarkeit und blinder Aktionismus liegen nahe.

DAGAZ

Positiv aspektiert zeigt die Rune DAGAZ das Erwachen und die Verwirklichung von Idealen an. Die Lebensvision wird Wirklichkeit. Grund zur Hoffnung.

Negativ aspektiert weist sie dagegen auf Verblendung aus Fanatismus, auf Orientierungsverlust und auf einen Verrat der Ideale hin. Zeit der Finsternis.

OTHALA

Positiv aspektiert zeigt die Rune OTHALA materiellen Wohlstand oder Erwerb von Grundbesitz (auch durch Erbschaft) an. Die Offenheit gegenüber dem Fremden durch innere Festigung und Verwurzelung stärkt den Schutz des Horts und des Reviers.

Negativ aspektiert weist sie dagegen auf fanatische Schollengebundenheit und Haß auf alles Fremde hin. Innere Entwurzelung und Heimatlosigkeit sind die unvermeidliche Folge, was wiederum einen eklatanten Verstoß gegen die wirklichen Kollektivinteressen bewirkt. Erbschaftsstreitigkeiten.

8
Runentherapie

Eine der bedeutendsten Entdeckungen auf dem Gebiet der angewandten Runenkunde war das Prinzip des *Runenstellens*, das um die Jahrhundertwende von dem schon erwähnten GUIDO (VON) LIST und einige Jahre später von FRIEDRICH BERNHARD MARBY in erweiterter Form in die Runenpraxis eingebracht wurde. Dabei ist es unerheblich, ob es sich tatsächlich, wie beide behaupteten, um die Wiederentdekkung uralter nordischer Praktiken handelt – wofür es zumindest profanhistorisch keinen Beweis gibt – oder ob dieses Wissen aus eigener intuitiver Schau dieser Runenkundigen entstand. Denn es hat sich immer wieder gezeigt, daß das Runenstellen von großer Wirksamkeit ist, vor allem auf dem Gebiet der Runentherapie. Eine Runenstellung wird im Altnordischen als *Stadha* bezeichnet, der Plural lautet *Stödhur*. Sie geht in der Regel mit einer Intonation der betreffenden Rune einher.

Die Stödhur werden nicht allein zu heilerischen Zwecken verwendet, ihr Anwendungsspektrum reicht von der Körperertüchtigung (sogenannter *Runen-Yoga*) über die Runenmeditation bis zur Unterstützung der Ladung von Talismanen und Amuletten. Da der ganze Leib des Runenmagiers beim Stadha selbst buchstäblich zur Verkörperung der Rune wird, während sein Geist durch die Intonation auf sie fixiert ist, erfährt die Runenkraft eine gewaltige Steigerung. Außerdem sollen die auf diese Weise gestellten Runen den Runenpraktiker zu einer kosmischen Antenne machen, durch welche er die Kräfte des Universums anzapfen und für seine Zwecke nutzen kann. Wie dem auch sei, unbestritten ist jedenfalls, daß die Stödhur ungeheuer mächtige körperliche und geistige Wirkung zeitigen, wie Sie selbst schon nach wenigen Minuten Praxis feststellen können.

Die Stödhur sind zwar prinzipiell insofern festgelegt, als sie die äußere Form der Runenbuchstaben wiedergeben, doch entwickelt jeder Runenpraktiker früher oder später eigene Varianten, die seinen persönlichen Bedürfnissen und seiner Körperbeschaffenheit optimal entsprechen. Die Abbildungen 9 und 10 geben die gängigsten Grundformen der einzelnen Runen wieder, die Sie mit zunehmender Praxis abwandeln können.

Übrigens gibt es anstelle der Stödhur auch sogenannte *Runenhandzeichen* oder *Runenmudras*. Dabei verfährt man im Prinzip ähnlich wie bei den Stödhur, nur daß die äußere Form des Runenbuchstabens mit der Hand nachgebildet wird. Im allgemeinen sind die Handzeichen nicht annähernd so wirkungsvoll wie die Ganzkörperstellungen. Ihr Vorteil besteht allerdings darin, daß man sie auch in Situationen ausführen kann, wo unauffälliges Vorgehen gefragt ist, beispielsweise unter fremden Menschen, auf der Straße, und so weiter. Allerdings bedürfen sie einer gründlichen, meist jahrelangen Runenpraxis mit den Stödhur und den Intonationen, um wirksam eingesetzt zu werden, und so wollen wir uns mit dieser kurzen Erwähnung begnügen.

Zum Stadha gehört auch die *Runenintonation*. Man unterscheidet zwei Intonationen. Die *erste Intonation* besteht aus der mehrmaligen Wiederholung des Runennamens, beispielsweise »Laguz, Laguz, Laguz«. Dabei wird der Name langsam und gedehnt gesprochen, das gilt auch für die stimmhaften Konsonanten, so daß in unserem Beispiel tatsächlich »L-l-l-aaah-g-uuuh-sss« intoniert würde.

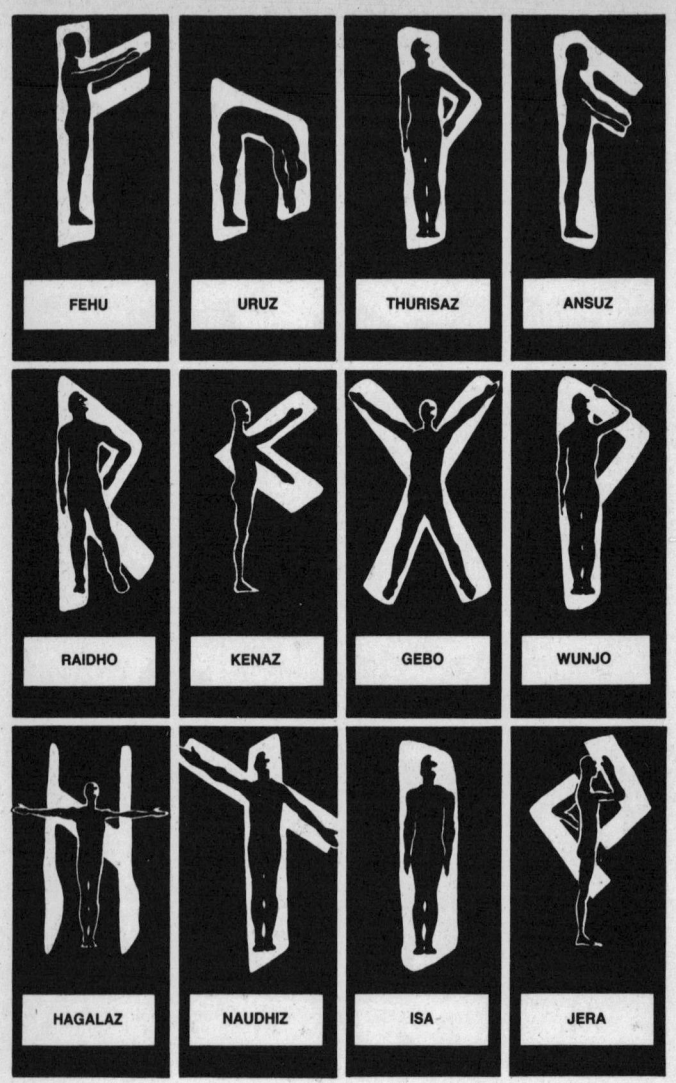

FEHU   URUZ   THURISAZ   ANSUZ

RAIDHO   KENAZ   GEBO   WUNJO

HAGALAZ   NAUDHIZ   ISA   JERA

Abbildung 9: Stödhur I

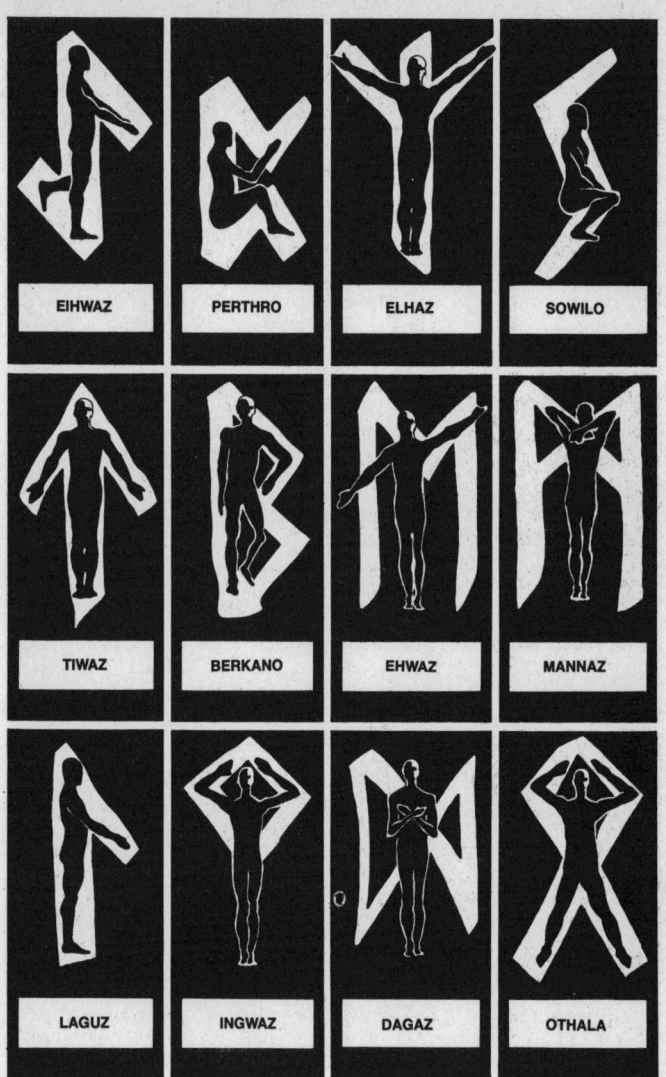

EIHWAZ   PERTHRO   ELHAZ   SOWILO

TIWAZ   BERKANO   EHWAZ   MANNAZ

LAGUZ   INGWAZ   DAGAZ   OTHALA

Abbildung 10: Stödhur II

Die *zweite Intonation* besteht aus vokalisierten Formeln, die meist, aber nicht immer, mit dem ersten Buchstaben des Runennamens beginnen. In unserem Beispiel könnte sich das also so anhören: »Lu, la, li, le, lo«. Auch diese Formeln werden gedehnt ausgesprochen. Wie bei den Stödhur entwikkeln Runenpraktiker mit der Zeit allerdings oft auch individuelle Lautformeln, die deutlich von den üblichen Formen abweichen können.

Die Lautformeln sollen möglichst *kraftvoll* intoniert werden. Das ist allerdings keine Frage der Lautstärke, wichtig ist nur, daß der ganze Körper dabei ins Vibrieren gerät, was auch bei leiser oder sogar stummer Intonation möglich ist.

Die historischen Zeugnisse belegen, daß dem Klang der Runen schon in frühester Zeit große magische Wirkung zugesprochen wurde. Allerdings läßt sich heute nicht mehr rekonstruieren, wie dies in der lautmagischen Praxis tatsächlich gehandhabt wurde. Und so sind sich die verschiedenen Runenautoren über den Lautwert der einzelnen Runen nicht immer einig. Das ist aber insofern unerheblich, als die verschiedenen Systeme alle gleich gut zu wirken scheinen. Es spielt also keine große Rolle, für welches Sie sich entscheiden, solange Sie bei einem System bleiben oder, was immer vorzuziehen ist, in der Praxis Ihr eigenes entwickeln. In der weiter unten aufgeführten Liste finden Sie die gängigsten Intonationen der einzelnen Runen, wobei wir natürlich darauf verzichtet haben, die mehrmalige Wiederholung der Runennamen selbst gesondert zu erwähnen.

Runentherapie ist ein sehr wirkungsvolles System der Selbst- und Fremdheilung. Selbstverständlich können und wollen wir hier nicht in etwaige bestehenden Therapieverhältnisse eingreifen. Doch im Vorfeld der Erkrankung, besonders aber auf dem Gebiet der Prophylaxe können Runen nicht nur gute

Dienste leisten, es ist sogar empfehlenswert, daraus eine regelmäßige Praxis zu machen.

Die Zuordnung der Runen zu verschiedenen Erkrankungen und Körperbereichen ist problematisch. Zwar besitzt jede Rune ihren eigenen, unverwechselbaren Charakter, doch spricht sie jeden Menschen auch sehr individuell an. Auch hier ersetzt ein Gramm praktischer Erfahrung eine Tonne theoretischer Lektüre. Die weiter unten aufgeführte Liste kann also nur einen ersten Anhaltspunkt bieten, der zwar zur vorläufigen Orientierung nützlich ist, den Sie aber durch Praxis und Intuition möglichst bald ergänzen sollten. Das ist nicht so schwierig, wie der Anfänger oft glaubt, denn die regelmäßige Arbeit mit den Runen schärft die Intuition in hohem Ausmaß, noch dazu in oft erstaunlich kurzer Zeit – probieren geht auch hier über studieren!

Heilen mit Runen

Selbstheilung

Als erstes bestimmen Sie die für die Heilung erforderliche Rune. Das können auch mehrere sein, doch werden zwei bis drei Runen in der Regel genügen. Nun stellen Sie, sofern es Ihnen körperlich möglich ist, die Rune(n), und intonieren sie mehrmals lange und kraftvoll. Leiten Sie die so aktivierte Energie mental in die betroffenen Körperteile, und lassen Sie sie nachklingen, nachdem Sie die Runenstellung beendet haben.

Zur Behandlung von Patienten können Sie zwei Wege wählen, die sich auch miteinander verbinden lassen. Entweder stellen und intonieren Sie selbst die Rune(n) und leiten die aktivierte Energie durch die Hände an die betroffenen Körperstellen. Sie können aber auch den Patienten anleiten, dies für sich zu tun, sofern er dazu körperlich in der Lage ist, wobei Sie die Durchführung überwachen oder durch eigenes Stellen und Intonieren unterstützen. Letzteres hat den Vorteil, daß der Patient seine Heilung zu Hause durch eigene Praxis unterstützen und beschleunigen kann, ohne auf einen Therapeuten angewiesen zu sein.

Selbstverständlich können Sie die Heilung auch mit rein magischen Operationen unterstützen, beispielsweise durch das Laden eines Runentalismans.

Leider begegnen noch immer sehr viele Menschen den alternativen Naturheilverfahren, zu denen man die Runentherapie durchaus zählen darf, mit Mißtrauen und Skepsis. So könnte es unklug sein, einem Patienten die Runenpraxis nahelegen zu wollen, der dafür nicht aufgeschlossen ist. Das ist jedoch eher eine Frage der Darstellung: Immerhin kann der Therapeut sein Vorgehen auch guten Gewissens zur »psychosomatischen Körper- und Lauttherapie« o. ä. erklären, denn das ist die Runentherapie schließlich auch.

Beachten Sie bei der Arbeit mit Patienten aber auf jeden Fall die gesetzlichen Bestimmungen, denn Verstöße gegen das Heilpraktiker- oder Ärztegesetz können schlimme Folgen haben und kommen den gutmeinenden, aber illegal tätigen Therapeuten im Falle einer Verurteilung meist teuer zu stehen!

Die nun folgende Liste dient, wie erwähnt, zur ersten Orientierung und beruht auf Erfahrungswerten, die Sie jedoch durch die eigene Praxis und Intuition abwandeln sollten. Das gilt selbstverständlich auch für die Lautwerte der einzelnen Runen.

Therapeutische Zuordnungen der einzelnen Runen

FEHU

Lautwert: fu fa fi fe fo

Kräftigung bei Krankheit und in Zeiten seelischer Krisen; Heilung erkrankter Fortbewegungsorgane

URUZ

Lautwert: uuuurrrrr

Stärkung der Abwehrkräfte; Förderung einer gesunden körperlichen Konstitution

THURISAZ

Lautwert: thur thar thir

Abschirmung vor gesundheitsschädlichen Einflüssen; Behandlung von Potenzproblemen

ANSUZ
Lautwert: aaaaasssss

Behandlung von Erkrankungen der Sprechorgane; Unterstützung von Heilsuggestionen

RAIDHO
Lautwert: ru ra ri re ro

Einsatz zur Wiederherstellung einer gesamtorganischen Ordnung von Geist und Körper; Behandlung rhythmischer Störungen

KENAZ
Lautwert: ku ka ki ke ko

Behandlung von Entzündungen, Vereiterungen, Brandwunden und überhohem Fieber sowie Erkrankungen des Genitalbereichs; Heilung von Augenleiden

GEBO
Lautwert: gub gab gib geb

Kräftigung der inneren Mittung; Auflösung von Blockaden; Freisetzung des Energieflusses; Harmonisierung sexueller Störungen

WUNJO
Lautwert: wu wa wi we wo

Einsatz zur seelischen Aufheiterung und Steigerung der Lebensfreude; Förderung der Genesung durch Stärkung der Gesundheitsmoral

HAGALAZ

Lautwert: hu ha hi he ho

Wiederherstellung der persönlich-kosmischen Harmonie, deren Störung von der Erkrankung angezeigt wird; Steigerung der Heilungskräfte; Harmonisierung der feinstofflichen Körperenergien; Förderung der Fruchtbarkeit

NAUDHIZ

Lautwert: nu na ni ne no

Abwehr und Verhinderung von Krankheiten aller Art; Hilfe bei Depressionen, Mattheit, Verlust des Lebenswillens

ISA

Lautwert: iiiiisssss

Wiederbelebung »erfrorener« Lebenskräfte; Dämpfung von Hyperaktivität; therapeutische Ruhigstellung

JERA

Lautwert: jur jar jir jer

Wiederherstellung der natürlichen Zyklik; Korrektur organischer Rhythmusstörungen

EIHWAZ

Lautwert: iwu iwa iwi iwe iwo

Steigerung der Abwehrkräfte und der Ausdauer; psychosomatische Ursachenbestimmung

PERTHRO

Lautwert: purdh pardh pirdh perdh pordh

Aktivierung der allgemeinen Lebenslust, besonders bei chronischen Erkrankungen

ELHAZ

Lautwert: uz az iz ez oz

Einsatz zur Energetisierung bei der Selbstheilung und zur Heilung anderer; allgemeine Stärkung der Vitalkräfte

SOWILO

Lautwert: sssssooooolllll

Harmonisierung und Stärkung der Chakras (altnordisch: *hvel*); Wiederherstellung überreizter Nerven; Behandlung von Übernervosität und geistigen Störungen

TIWAZ

Lautwert: tiiiiirrrrr

Wiederherstellung des organischen Gesamtgleichgewichts; Einsatz im Sinne von »Heilen durch Erkennen« (nämlich der inneren Gesetzmäßigkeiten und der psychosomatischen Ursachen einer Erkrankung)

BERKANO

Lautwert: beeeeerrrrr

Einsatz zur Steigerung der physischen Standfestigkeit; Stärkung von Knochengerüst und Muskulatur; Steigerung der allgemeinen Widerstandskraft

EHWAZ

Lautwert: eeeeehhhhhwooooo

Förderung der Beweglichkeit; Harmonisierung symbioti-
scher Prozesse im Körper *und* im Geist

MANNAZ

Lautwert: mmmmmaaaaannnnn

Behebung von Selbsttäuschung und geistiger Umnachtung;
Harmonisierung der motorischen Aussteuerung

LAGUZ

Lautwert: ul al il el ol

Anwendung bei Vergiftungen; Gebrauch zur Erlangung von
Kräuterwissen; Heilung von Lähmungen und Unbeweglichkeit

INGWAZ

Lautwert: iiiiinnnnnggggg

Anwendung bei Schwangerschaftsproblemen und zur Prophylaxe; Förderung der Fruchtbarkeit; Behebung von Entwicklungsstörungen; Anwendung bei Autismus; Heilung
von Lähmung

DAGAZ

Lautwert: daaaaagaaaaazzzz

Anwendung zur Festigung der Gesundheit und zur Verwurzelung im Überpersönlichen

OTHALA

Lautwert: ooooooooooooooo

Gebrauch zur allgemeinen Erdung und Stabilisierung der
Vitalkräfte

9
Weiterführende Literatur

In den letzten Jahren ist die Fülle der verfügbaren Runenlite-
ratur schier unüberschaubar geworden. Andere, wichtige
Werke dagegen sind schon seit Jahren vergriffen. So möchte
ich mich hier auf eine kleine, durchaus subjektive Auswahl
brauchbarer Titel in deutscher Sprache beschränken, die zur
Zeit im Buchhandel erhältlich sind.

Am wichtigsten ist wohl das Buch von Edred Thorsson,
weshalb es auch an erster Stelle erwähnt sei.

Edred Thorsson, Handbuch der Runen-Magie, Sauerlach:
Urania Verlag, 1987.

Mit diesem Werk (und zwei weiteren, die bisher nur in
englischer Sprache vorliegen) hat Thorsson einen neuen
Standard gesetzt, an dem sich kommende Generationen von
Runenautoren und -kundigen werden messen lassen müssen.
Er verzichtet auf jegliche spekulative Darstellung und orien-
tiert sich kritisch, aber offen an den alten Urtexten, die er
zudem als anerkannter akademischer Nordist im Original
kennt. Gleichzeitig bietet er eine einmalige Fülle an praktischen Hinweisen, die für jeden leicht nachzuvollziehen sind.

Ulrich Jürgen Heinz, Die Runen. Ursprung, Bedeutung, Wirkung, Weissagung, Freiburg i. Br.: Hermann Bauer Verlag, 1987

Heinz arbeitet kommentarlos mit dem Listschen und Marbyschen 18er System, ohne sich mit dessen Entstehung auseinanderzusetzen. Sein Werk ist intellektuell außerordentlich anspruchsvoll und stellt die Runen in einen zeitgenössischen Kontext, indem es auch physikalische, vektormathematische und medizinische Aspekte des Runenkosmos behandelt. Eher etwas für Fortgeschrittene.

Michael Howard, Magie der Runen, Basel: Sphinx Verlag, 1985

Eine allgemein gehaltene Einführung, die sehr viele Einzelheiten über den Zusammenhang zwischen Runen und schamanischen Praktiken bringt und zahlreiche Symbole erläutert. Gut geeignet zur Abrundung der oben erwähnten Werke Thorssons.

Karl Spiesberger, Runenmagie, Berlin: Schikowski Verlag, 1968[2]

ders., Runenexerzitien, Berlin: Schikowski Verlag, 1982[2]

Diese beiden Werke haben jahrzehntelang die praktische Runenarbeit im Nachkriegsdeutschland geprägt. Spiesberger arbeitet mit dem 18er Runensystem des Guido von List und des Friedrich Bernhard Marby, und wenn sein Ansatz auch für unseren Geschmack etwas zu ahistorisch und christlich-moralisierend gefärbt ist, sind seine praktischen Übungen doch recht empfehlenswert.

Ralph Tegtmeier, Runen. Alphabet der Erkenntnis, Neuhausen: Urania Verlag, 1988

Diese, meine erste, Einführung in die praktische Runenkunde bietet einen Einblick in Runenpraxis und -magie, wobei auch einige andere Orakeltechniken und magische Praktiken besprochen werden wie im vorliegenden Werk.

Vitki, Praktische Runenmagie, Unkel: Edition Magus, 1987

Ein Buch für ausgesprochene Runen*magier*: kompromißlos in seiner Härte, praxisnah und ohne jede philosophisch-historische Spekulationen. Für Vitki ist der Magier in erster Linie ein Meister der Runen, der diese zur Erlangung seiner persönlichen und überpersönlichen Ziele einsetzt. Daher berücksichtigt er sowohl die lichte als auch die dunkle Seite der Runenarbeit und verzichtet auf jede moralische Wertung. Vitki arbeitet mit dem traditionellen Älteren Futhark und stützt sich auf zahlreiche historische Quellen, vor allem aber auf seine eigene praktische Erfahrung. Weniger für absolute Laien geeignet als für erfahrene Magier und solche, die es werden wollen.

Eine Zeitschrift, die häufiger, wenn auch nicht ausschließlich, Artikel zum Thema Runenmagie bringt, ist *Anubis. Zeitschrift für praktische Magie und Psychonautik*. Sie erscheint vierteljährlich und kann entweder über den esoterischen Buchhandel oder direkt vom Verlag bezogen werden: Anubis e. V., Postf. 45, A-1203 Wien

Das Abonnement (4 Ausgaben) kostet derzeit (1990) DM 40,– frei Haus, ein Probeheft gibt es für DM 11,– zuzügl. DM 1,50 Porto.

Wenn Sie sich für praktische Runenarbeit innerhalb eines magisch arbeitenden Ordens interessieren, sollten Sie sich an die auch in Europa tätige *Runengilde* des schon erwähnten amerikanischen Runenmeisters Edred Thorsson wenden. Sie können die Korrespondenz auch in deutscher Sprache führen. Bitte schreiben Sie dazu an folgende Adresse:

THE RUNE-GILD
P.O. BOX 7622
AUSTIN, TX 78713
USA

Ralph Tegtmeier

Der Geist in der Münze

Vom magischen Umgang mit Reichtum und Geld

Vom Geist des Geldes ...

...und wie man vergnüglich mit ihm zusammenarbeiten kann, statt gegen ihn. Eine hilfreiche Einführung für den Umgang mit Geld auf einer spirituellen
Ebene.
Geld wird hier entdämonisiert. Ist man nett zu seinem
Geld und versteht den flüchtigen Charakter dieses
Luftelements, dann revanchiert es sich auch irgendwann positiv. Haben wir erst einmal entdeckt, daß
Reichtum nichts mit Geld zu tun haben muß, verstehen
wir auch mehr vom Wesen dieses nützlichen Dieners
und seinen Gesetzen.
Auf die Betrachtung des Geldes kommt es an, nicht auf
seine Menge, wenn wir unsere Probleme mit ihm lösen
wollen.

Ein Taschenbuch im Goldmann Verlag

Originalausgabe

ISBN 3-442-11820-4

DER INDIANISCHE WEG
DES WISSENS

Sun Bear
Der Pfad der Kraft
11801

Sun Bear & Wabun
Das Medizinrad
30510   (Hardcover)

Sun Bear
Leben mit der Kraft
11822

Lynn Andrews
Der Flug des siebten
Mondes   11839

Evelyn Eaton
Ich sende eine Stimme
11821

GOLDMANN

HERMAN WEIDELENER

Abendländische Meditationen
11782

Die Götter in uns
11802

Wege zum Dasein
11818

Innere Weisheit
12060

GOLDMANN

AUSSERKÖRPERLICHE DIMENSIONEN

GOLDMANN TASCHENBÜCHER

Fordern Sie das kostenlose Gesamtverzeichnis an!

Literatur · Unterhaltung · Bestseller · Lyrik

Frauen heute · Thriller · Biographien

Bücher zu Film und Fernsehen · Kriminalromane

Science-Fiction · Fantasy · Abenteuer · Spiele-Bücher

Lesespaß zum Jubelpreis · Schock · Cartoon · Heiteres

Klassiker mit Erläuterungen · Werkausgaben

****

Sachbücher zu Politik, Gesellschaft,

Zeitgeschichte und Geschichte; zu Wissenschaft,

Natur und Psychologie

Ein Siedler Buch bei Goldmann

****

Esoterik · Magisch reisen

****

Ratgeber zu Psychologie, Lebenshilfe,

Sexualität und Partnerschaft;

zu Ernährung und für die gesunde Küche

Rechtsratgeber für Beruf und Ausbildung

Goldmann Verlag · Neumarkter Str. 18 · 8000 München 80

Bitte senden Sie mir das neue Gesamtverzeichnis.

Name: _____

Straße: _____

PLZ/Ort: _____